孔子学院总部/国家汉办
Confucius Institute Headquarters(Hanban)

标准教程
STANDARD
COURSE

HSK

主编： 姜丽萍
LEAD AUTHOR: Jiang Liping

编者： 刘畅、鲁江
AUTHORS: Liu Chang, Lu Jiang

5上

练习册 **Workbook**

北京语言大学出版社
BEIJING LANGUAGE AND CULTURE
UNIVERSITY PRESS

© 2016 北京语言大学出版社，社图号 16344

图书在版编目（CIP）数据

HSK 标准教程 5（上）练习册 / 姜丽萍主编 ；刘畅，
鲁江编 . -- 北京 ：北京语言大学出版社，2016.12（2017.7重印）
ISBN 978-7-5619-4780-7

I . ① H… II . ① 姜… ② 刘… ③ 鲁… III . ① 汉语 –
对外汉语教学 – 水平考试 – 习题集 IV . ① H195.4-44

中国版本图书馆 CIP 数据核字（2016）第 301899 号

HSK 标准教程 5（上）练习册
HSK BIAOZHUN JIAOCHENG 5 (SHANG) LIANXICE

责任编辑：王 轩
装帧设计：李 政 李 佳
排版制作：北京创艺涵文化发展有限公司
责任印制：周 燚

出版发行：北京语言大学出版社
社　　址：北京市海淀区学院路 15 号，100083
网　　址：www.blcup.com
电子信箱：service@blcup.com
电　　话：编辑部　　8610-82303647/3592/3395
　　　　　国内发行　8610-82303650/3591/3648
　　　　　海外发行　8610-82303365/3080/3668
　　　　　北语书店　8610-82303653
　　　　　网购咨询　8610-82303908
印　　刷：保定市中画美凯印刷有限公司

版　　次：2016 年 12 月第 1 版　　印　　次：2017 年 7 月第 2 次印刷
开　　本：889 毫米 × 1194 毫米 1/16　　印　　张：8.75
字　　数：164 千字
　　　　　03500

PRINTED IN CHINA

使用说明

　　《HSK 标准教程 5　练习册》与《HSK 标准教程 5》配套使用，全书分上、下两册，每册 18 课，共计 36 课，每课设置听力、阅读和书写三个部分。练习册在编写设计上体现了"考教结合、以考促教"的编写理念，内容与 HSK 考试（五级）接轨，题型设置、话题选取、语料长短、命题角度等均与真题一致，目的在于使学生得到全面有效的训练与提高。

　　1. **听力**。听力部分包括听单一话轮选择正确答案、听多话轮对话选择正确答案、听短文选择正确答案三类试题。

　　2. **阅读**。阅读部分包括选择合适的词语或句子填入短文的空白处、选择与短文内容一致的答案选项、读短文选择正确答案三类试题。

　　3. **书写**。书写部分包括排列词语组成句子、用所给词语进行段落写作两类试题。由于看图写作题在教材中的运用部分已安排训练，所以练习册中不再练习。

　　上册练习册附录部分提供 HSK（五级）介绍，方便学习者全面了解该等级考试的基本情况；下册练习册附录部分提供 HSK（五级）模拟试卷一套，力求以教材所学的生词及语言点为考察重点，话题和难度尽可能地贴近真题，学习者可通过模拟试卷进行考前检测。

　　练习册是教材课后练习的延伸与补充，各课的题目数量按每套五级真题三分之一的比例进行缩减（参见下面的对照表），既保证了必要的练习题量，又不会使学习者感到任务过于繁重。

考试内容		试题数量（个）				答题时间（分钟）	
		真题		练习册		真题	练习册
一、听力	第一部分	20	45	6	14	约 35	约 10
	第二部分	25		8			
二、阅读	第一部分	15	45	4	14	45	15
	第二部分	10		4			
	第三部分	20		6			
三、书写	第一部分	8	10	3	4	40	15
	第二部分	2		1			
共计		100		32		约 120	约 40

HSK（五级）考试与前四级考试明显的差异在于以下几点：一是词汇量陡然增加。五级新增词汇1300个，五级考试试题语料允许有15%的超纲词，这对学生日常词语的积累提出了很高的要求。二是语言点考察以中高级副词、各类虚词以及复杂的复句结构为主，测试侧重在不同语境下对汉语的理解和综合运用上。三是话题的深度和层次有明显跃升。五级话题大类并未增加，但各类话题的层次明显细化，涉及的具体范围、场景都较之前各级考试有很大的扩容和深化。四是更加重视写作能力的考察。五级考试中设置了规定情景的写作内容，由组词成段到看图自主写作都有涉及，完成了由组句到篇章表达的过渡，所以，语篇表达的训练应作为教师和考生日常训练的主要内容。

针对以上变化，我们在练习册的编写中，有意识地加大了词汇的拓展和复现，努力将每课语言点和课文所学词语在练习中进一步操练。由于五级新增词语较多，各话题词汇不可能在课文中完全涵盖，故练习册选取语料时，尽量予以补充完善，并融入新的旧字新词，力求加大五级词汇的覆盖率，为学生创造在自然语境中理解新词语的机会。

本练习册建议教师以作业形式布置给学习者，完成练习后学习者可对照答案评估学习效果。学习者共同的问题，教师可择机在课堂上进行解答。

以上是对本练习册使用方法的一些说明和建议，教师在教学过程中可以根据实际情况灵活使用。希望这本练习册可以帮助每位学习者在汉语学习上取得更大收获，顺利通过HSK（五级）考试。

编者

目 录

了解生活

1

爱的细节

一、听 力

第1—6题：请选出正确答案。

1. A 太累了
   B 太热了
   C 和老婆吵架了
   D 为老婆赶蚊子

2. A 家
   B 公司
   C 餐厅
   D 钟表店

3. A 以前同事
   B 中学同学
   C 现在是夫妻
   D 以前是夫妻

4. A 感谢
   B 担心
   C 抱怨
   D 后悔

5. A 手指
   B 肩膀
   C 胳膊
   D 脑袋

6. A 聚会
   B 面试
   C 聊天儿
   D 谈生意

第二部分　💿 01-2

第7-14题：请选出正确答案。

7. **A** 他忘了开会
   B 他没有戴表
   C 他开会迟到了
   D 他记错时间了

8. **A** 可惜只有一个奖
   B 两个都应该得奖
   C 有一个比另一个好
   D 哪一个都不该得奖

9. **A** 他们认识很久了
   B 他们可以婚后了解
   C 结婚后一定会有变化
   D 是否了解与时间没有关系

10. **A** 公司里
    B 餐厅里
    C 火车上
    D 超市里

11. **A** 恋人
    B 夫妻
    C 同事
    D 同学

12. **A** 他有别的女朋友
    B 他父母知道他们的关系
    C 他准备带女朋友回去见父母
    D 他不想让父母知道他们的关系

13. **A** 对方是公司的经理
    B 对方的生活条件好
    C 对方喜爱阅读和音乐
    D 对方唱歌唱得很好听

14. **A** 支持
    B 反对
    C 怀疑
    D 同情

二、阅读

第一部分

第 15-18 题：请选出正确答案。

　　我和丈夫___15___五年了，婚后的生活一直十分幸福，从来没有为什么事红过脸，去年还刚刚生了一个小宝宝。但是，昨晚我们却大___16___了一架。原因是丈夫说他要换一份工作，工资更高，不过工作地点是在外地。他说他已经决定了要去，而我并不认为这是个很好的机会。工资虽然高一点儿，但是要换一个完全陌生的环境；___17___我们的孩子这么小，他走了，我一个人又要上班，又要照顾孩子，太辛苦了。现在，这个问题要___18___解决，我们还没有想好。

15. **A** 婚姻　　　**B** 结婚　　　**C** 离婚　　　**D** 婚礼
16. **A** 说　　　　**B** 喊　　　　**C** 叫　　　　**D** 吵
17. **A** 不过　　　**B** 然而　　　**C** 而且　　　**D** 否则
18. **A** 如果　　　**B** 如何　　　**C** 比如　　　**D** 例如

第二部分

第 19-22 题：请选出与试题内容一致的一项。

19. 前几年她全身瘫痪了，医生说她能站起来的可能性很小。别人都觉得她的丈夫会跟她离婚，她也想过要自杀。但丈夫一直鼓励她，为她不知找了多少家医院，并且几年如一日地照顾她，从不抱怨。在丈夫的爱护和努力下，她终于又站了起来。

    A 丈夫要跟妻子离婚
    B 丈夫对妻子非常好
    C 妻子因为瘫痪自杀了
    D 医生的判断是错误的

20. 我们不应该随意评价他人的婚姻是否幸福，更不能自以为是地去干涉他人的家庭生活。因为婚姻就像鞋，鞋子合适不合适，别人看不出来，只有自己的脚最清楚。

    A 婚姻是否幸福，谁都很清楚
    B 婚姻是否幸福，谁都不清楚
    C 婚姻是否幸福，自己最清楚
    D 婚姻是否幸福，别人更清楚

21. 他和她结婚才一年多，但已经感觉不愿再生活在一起。妻子怪他没有本事，只知道待在家里，一个大男人赚不到钱；丈夫说她只会生气、抱怨，一点儿都不懂得关心人。两个人说急了就吵架，妻子说"我后悔跟了你"，丈夫说"我也是"。于是剩下的路只有一条——离婚。

    A 结婚后他们的生活很幸福
    B 他们结婚已经很长时间了
    C 他们俩吵架都是因为钱
    D 他们俩打算离婚

22. 关于为什么要结婚，每对夫妻都有属于自己的理由。有人说，爱到了，就结婚吧；有人说，一个人太孤单，所以就结婚了；甚至还有人说，结婚比谈恋爱省钱……不管理由是什么，婚姻，就像《围城》里说的，外面的人想进去，里面的人想出来。

    A 人们选择结婚的原因是一样的
    B 有一部分婚姻的基础是爱情
    C 大家都觉得谈恋爱浪费钱
    D 人人都希望拥有婚姻

第三部分

第 23-28 题：请选出正确答案。

23-25.

　　他和妻子是同行，一个是外科主任，一个是护士长，年轻时一直在一起工作。五年前，两人同时退休，过起了幸福的退休生活。

　　可是，不到两年，他开始变得健忘，直到完全痴呆：以前的同事朋友他都不认识了，连儿子女儿也不记得了，他只认得一个人，就是妻子。

　　别人和他打招呼时，他傻傻地对着别人笑，拉拉妻子的手说："跟着我！跟着我！"看到前面远远有汽车过来，他紧紧地拉住妻子的手说："当心哦！当心哦！"妻子说："我还用你教呀？你现在这个样子，比三岁的小孩子还小孩子，还叫我当心呢。"他笑笑，一笑，口水就流了出来。他流着口水傻傻地对妻子说："跟着我！跟着我！"

　　那天，妻子牵着他的手去儿子家。小区门口车来车往，他把妻子的手攥得紧紧的。妻子说："别攥得我那么紧，手都疼了。"他不听，还是用力攥着。

　　走到拐角处，两个滑旱冰的孩子向他们冲来。他一个大步冲上前，张开两只大手去拦他们。少年来不及避让，三个人重重地摔在了一起。他摔得最重，昏了过去。

　　第二天，他醒来。妻子坐在他身边，正对着他流泪。他拉拉妻子的手说："跟着我！跟着我！"妻子含着泪笑了。

　　这就是爱的神奇：我痴呆了，全世界的人我都不认识，但是我还认识你，还知道要牢牢地跟随你；我痴呆了，我什么也不懂，但还懂得要好好儿保护你。

　　只因你是我最爱的那个人。

23. 夫妻俩年轻时的工作单位是：
　　A 医院　　　　　　　　　　　**B** 商店
　　C 银行　　　　　　　　　　　**D** 航空公司

24. 夫妻俩遇到了什么问题？
　　A 失去工作了　　　　　　　　**B** 妻子生病了
　　C 丈夫痴呆了　　　　　　　　**D** 儿子摔伤了

25. 最适合做上文标题的是：
　　A 幸福的退休生活　　　　　　**B** 跟着我
　　C 我忘了全世界　　　　　　　**D** 我和妻子

26-28.

　　据民政部发布的 2013 年社会服务发展统计公报显示，2013 年全国依法办理离婚手续的共有 350 万对，比上年增长 12.8%。这是自 2004 年以来，我国离婚率连续 10 年递增。从过去的谈离婚色变，到 70 后纠结于离或不离，再到如今 80 后的"离婚没什么大不了"，中国人的婚姻观正在发生改变。

　　中国的离婚率持续上升，虽然一方面说明现代人的思想观念发生了变化，更加重视爱情，重视婚姻的质量，但我们也不能不看到问题的另一个方面，那就是有的人不把婚姻当回事，对婚姻和家庭缺少责任感。

　　有人离婚是因为有了钱，有了权，有了名望；有人婚前情真意切，婚后便不再注意感情的培养和维护；有人离婚不是因为不爱，只是气量太小，对方有了过失就不分情况，大吵一架……凡此种种，婚姻大事成了小事，成了可以随便进行的游戏。

26. 根据上文，下列哪项不正确？
　　A 2013 年的离婚率是 2004 年的十倍　　B 十年来，离婚率一直在增长
　　C 过去的人多数不愿意离婚　　　　　　D 80 后不太在乎是否离婚

27. 作者认为离婚率上升：
　　A 是因为金钱　　　　　　　　　　　　B 是因为吵架误会
　　C 说明人们越来越不愿结婚　　　　　　D 可以从正反两个方面看待

28. 作者对婚姻大事成为游戏的态度是：
　　A 高兴的　　　　　　　　　　　　　　B 赞同的
　　C 批评的　　　　　　　　　　　　　　D 后悔的

三、书 写

第一部分

第 29-31 题：完成句子。

例如：发表　　这篇论文　　什么时候　　是　　的

　　　<u>这篇论文是什么时候发表的？</u>

29. 她　　这次的　　放弃了　　居然　　机会

30. 从来没　　他们　　吵过架　　为　　任何事

31. 肩膀上　　我　　吧　　靠在　　睡一会儿

第二部分

第 32 题：写短文。

32. 请结合下列词语（要全部使用，顺序不分先后），写一篇 80 字左右的短文。

　　等待、抱怨、对比、如何、不耐烦

留串钥匙给父母

一、听 力

第一部分 💿 *02-1*

第1-6题：请选出正确答案。

1. **A** 家里不会太脏

   B 一年没回家了

   C 今天别收拾了

   D 今天到不了家

2. **A** 行李太重了

   B 她没带行李

   C 她有人帮忙

   D 她自己拿得动

3. **A** 身体非常好

   B 走路不方便

   C 不经常锻炼

   D 应该多走路

4. **A** 牛肉味道很香

   B 儿子出差回来

   C 丈夫出差回来

   D 她最爱吃牛肉

5. **A** 不想换工作

   B 很想换工作

   C 工作很开心

   D 快要退休了

6. **A** 小李已经知道了

   B 小李应该告诉她

   C 小李已经告诉她了

   D 她谁也不会告诉

第二部分　💿 02-2

第 7–14 题：请选出正确答案。

7. **A** 支持
   B 同意
   C 反对
   D 犹豫

8. **A** 卧室里
   B 床头柜上
   C 钥匙柜里
   D 妈妈不知道

9. **A** 孩子的自由
   B 孩子的教育
   C 孩子的工作
   D 孩子的想象力

10. **A** 丈夫的爸爸
    B 丈夫的妈妈
    C 妻子的爸爸
    D 妻子的妈妈

11. **A** 兄弟
    B 夫妻
    C 父子
    D 母子

12. **A** 回自己家住
    B 去姥姥家住
    C 去舅舅家住
    D 在儿子家住

13. **A** 微笑是一种语言
    B 每个人都会微笑
    C 微笑会让人快乐
    D 微笑的基本要求

14. **A** 父母
    B 客户
    C 服务者
    D 演员

二、阅 读

第一部分

第 15-18 题：请选出正确答案。

　　读小学的时候，我的姥姥去世了。姥姥生前最＿15＿我。想到再也感受不到姥姥带给我的＿＿16＿＿，我无法抑制心中的忧伤，每天在学校的操场上一圈一圈地跑着，跑＿17＿累倒在地上痛哭。那哀痛的日子持续了很久，爸爸妈妈也不知道＿18＿安慰我。他们知道，与其欺骗我说姥姥睡着了，还不如对我说实话：她永远都不会再回来了。

15. **A** 讨厌　　　　**B** 喜爱　　　**C** 感动　　　**D** 吸引
16. **A** 抱怨　　　　**B** 等待　　　**C** 微笑　　　**D** 温暖
17. **A** 的　　　　　**B** 地　　　　**C** 得　　　　**D** 着
18. **A** 如何　　　　**B** 如果　　　**C** 例如　　　**D** 比如

第二部分

第 19-22 题：请选出与试题内容一致的一项。

19. 一段时间后，我和妻子又准备去外地打工，新房只能上锁空着。临走那天，父亲从老家赶来送我们。父亲悄悄把我拉到一边说："你妈说了，你还是留一串新房的钥匙给我们，要是我和你妈什么时候想来了，就来住上几天，顺便给你们晒晒被子，打扫打扫卫生。"

   A 我和妻子准备回老家
   B 父亲要求我把钥匙留给他
   C 我们去外地时留父母在新房看家
   D 父母打算每天来给我们打扫卫生

20. 张英来自黑龙江。她原来是一个艺术团的歌手，去年女儿考上了北京的音乐学院附中，她就辞去了工作，来北京陪女儿读书。每天照顾女儿的生活，督促她学习。张英觉得这样很值得。

   A 张英不是北京人
   B 张英的女儿一直想当歌手
   C 张英的女儿在音乐学院学习
   D 张英不知道是不是应该这样做

21. 以前，夫妻俩在男方父母家过年是老规矩，但现在，不少男士开始跟妻子去丈母娘家过年了。因为现在独生子女多，如果按照旧传统，每年除夕，女方的父母都只能自己过，太孤单了。所以，一般来说，现在年轻的夫妻俩会选择轮着来，今年在我家过，明年就在你家过。

   A 老规矩是轮流在两家过年
   B 现在男士们都去女方家过年
   C 女方的父母只能自己过除夕
   D 习惯改变的原因是独生子女多

22. 对于很多女人来说，母女间的亲密关系是她们一生中最深切、最紧密的关系。但这种关系往往并不一定是完美的。27 岁的小史和母亲的关系十分复杂。在外人眼中她们亲密无间，但在她自己看来却不是这样，她说自己和母亲的矛盾也很明显，每次当她想要独立自主地做一些事情时，她俩就会吵起来。

   A 母女关系是最完美的
   B 小史和母亲情同姐妹
   C 小史和母亲有时会吵架
   D 母亲希望小史独立自主

第三部分

第 23-28 题：请选出正确答案。

23-25.

传统中国家庭春节的团聚模式是"246 式"，即一对老夫妻和儿子、儿媳、女儿、女婿，再加上五六个小孙子小孙女，全家人坐在一张大桌子旁，吃团年饭。可是现代社会中，无论是在除夕的餐厅里，还是在大年初一的庙会上，人们不时可以看到一对小夫妻搀扶着两对老人、领着一个小孩，家庭团聚模式由"246"变成了"421"。

王女士一家七口就是这样过年的。他们两口子把双方的父母都接到了自己家，一起包饺子、吃团年饭。现在选择这种模式的年轻夫妻不少。他们说，独生子女越来越多，过年的时候不能让"一家欢喜一家忧"。王女士也告诉记者：她和爱人是最早的那批独生子女。按照传统习惯，春节时大多是女方到男方父母家过年，那时每个家庭的子女都比较多，即使女儿不能在身边也不显得冷清。"现在为了让两家老人都能在节日里享受到天伦之乐，我们决定和两家老人一起过年。"

23. 文中"246 式"中的"6"指的是：
   A 一对老夫妻　　　　　　　　　**B** 儿子和女儿
   C 五六个孙辈　　　　　　　　　**D** 全家三代人

24. 文中没有提到下面哪项春节习俗?
   A 吃团年饭　　　　　　　　　　**B** 包饺子
   C 逛庙会　　　　　　　　　　　**D** 放鞭炮

25. 王女士一家选择的家庭团聚方式是：
   A 男方到女方家过年　　　　　　**B** 女方到男方家过年
   C 双方父母到自己家过年　　　　**D** 全家到饭馆吃团年饭

26-28.

　　大学毕业时，我在北京的一家大公司找到了工作。全家上下喜气洋洋，我也特别高兴，为即将离开家独自生活而激动。

　　出发的日子一天天近了。临走的那天晚上，母亲做了一大桌子菜，一家五口慢慢地吃着、喝着，为我送行。不知道为什么，气氛变得有些沉重。父亲和我尽量找着话题，

搜肠刮肚地讲笑话，但把我从小带大的奶奶却不停地抹眼泪，妈妈干脆转身进了卧室，只有还不懂事的小弟弟跟着我们傻笑。

　　我想了想，宣布：等我过年回来的时候，要用自己亲手挣的工资给家里的每个人都买一份礼物。奶奶年纪大了，走路不太方便，我要给她买根拐杖；爸爸喜欢下棋，我可以给他买副围棋回来；弟弟最想要的肯定是玩具，我一定给他买个好的。妈妈喜欢什么呢？

　　于是，我走进房去问妈妈想要什么礼物。妈妈正在收拾我那些好像永远也收拾不完的行李。听到我的问题，妈妈停下手，帮我抻了抻衬衣下摆的褶子，说："孩子，把你自己好好儿地带回来，就是你给妈妈最好的礼物。"那一刻，我再也忍不住，眼泪一下子涌了出来。

26. 作者要离开家的原因是：

    A 要去上大学　　　　　　　　**B** 要去买礼物

    C 要去工作　　　　　　　　　**D** 他喜欢北京

27. 母亲对作者的要求是：

    A 带礼物回来　　　　　　　　**B** 照顾好自己

    C 学会独立生活　　　　　　　**D** 买件新衬衣

28. 作者哭了，是因为：

    A 很高兴　　　　　　　　　　**B** 很伤心

    C 很感动　　　　　　　　　　**D** 很生气

三、书 写

第一部分

第 29-31 题：完成句子。

例如：发表　　这篇论文　　什么时候　　是　　的

　　这篇论文是什么时候发表的？

29. 挣了　　出去　　打工　　这次　　不少钱

30. 让　　我　　家的温暖　　妻子的微笑　　感受到

31. 飘来　　窗外　　歌声　　一阵阵　　动听的

第二部分

第 32 题：写短文。

32. 请结合下列词语（要全部使用，顺序不分先后），写一篇 80 字左右的短文。

　　装修、以来、卧室、想象、亮

人生有选择，一切可改变

一、听 力

第一部分 💿 03-1

第1-6题：请选出正确答案。

1. **A** 现在没有打算

   B 刚刚开始准备

   C 还有新的计划

   D 没风时将出发

2. **A** 超市买的

   B 自己钓的

   C 别人送的

   D 餐厅做的

3. **A** 下雨

   B 晴天

   C 闪电

   D 有雾

4. **A** 天气不好

   B 还没下班

   C 还有工作

   D 打不到车

5. **A** 她很平静

   B 她受伤了

   C 她来电话了

   D 她没什么问题

6. **A** 丈夫做

   B 妻子做

   C 轮着做

   D 一起做

第二部分　🔘 03-2

第7-14题：请选出正确答案。

7. A 十分支持

   B 不能理解

   C 觉得很有道理

   D 觉得应该再考虑

8. A 没听说

   B 不想去

   C 有考试

   D 要上课

9. A 这附近着火了

   B 最近天气不好

   C 这里不能抽烟

   D 抽烟有害健康

10. A 她姓丁

    B 她生病了

    C 她也是护士

    D 她家里有事

11. A 做手工

    B 开网店

    C 搞装修

    D 挣大钱

12. A 有点儿犹豫

    B 很想试一试

    C 准备开始做

    D 觉得不可能

13. A 宿舍

    B 墨尔本

    C 西班牙

    D 不知道

14. A 朋友心情不好

    B 朋友需要帮助

    C 他们约好打电话

    D 他说过想去西班牙

二、阅 读

第一部分

第 15–18 题：请选出正确答案。

　　常言道："人贵有自知之明。"___15___ 真正了解自己，才能为自己的生活与工作做一个恰当的规划，才不至于走弯路和歪路。在我们这个___16___，每天接触的信息太多，影响我们的东西太多。所以，想获得成功，首先要有自知之明。自知，就是要认识自己、___17___自己。把自知称之为"明"，可见自知是一个人智慧的体现。而自知之明之所以"贵"，则___18___人是多么不容易自知。

15.　**A** 既然　　　**B** 随着　　　**C** 只要　　　**D** 只有
16.　**A** 时间　　　**B** 时代　　　**C** 时刻　　　**D** 当时
17.　**A** 知道　　　**B** 爱护　　　**C** 了解　　　**D** 盼望
18.　**A** 说明　　　**B** 叙述　　　**C** 告诉　　　**D** 抱怨

第二部分

第 19-22 题：请选出与试题内容一致的一项。

19. 傍晚是一家人最舒适的时候。干完活儿，一家人坐在一起，用电脑看看电影，或者聊聊天儿。这样的生活，是翟峰盼望已久的。以前陆地上的夜晚，他们在各自的房间，一家人没有更多的交流。

    A 傍晚是大家干活儿的时间
    B 翟峰喜欢一家人待在一起
    C 他们目前是在陆地上生活
    D 他们一直很注重互相交流

20. 夫妻俩里里外外地忙碌了一天，累得腰酸背痛，话都不想说。白天各自上班见不着面，晚上回了家也难有交流。长久下去，心灵的沟通越来越少，而相互间的埋怨却越来越多。缺乏交流，爱的花朵就容易被风吹落。

    A 缺乏沟通会导致腰酸背痛
    B 缺乏交流是因为见不着面
    C 夫妻之间的交流对婚姻很重要
    D 生活中的压力主要来自于埋怨

21. 据调查，虽然网络快速发展，但看电视仍然是城市居民的主要休闲活动。看电视时间与年龄有很密切的关系，按年龄组分，看电视时间的分布呈 U 字形，即 20 岁以下者和 60 岁以上者看电视时间长，20 至 40 岁为最短。休息日和工作日看电视的时间差异也很大，休息日长于工作日，特别是男性，休息日看电视的时间长达 2 小时 21 分钟。

    A 网络已经取代了电视
    B 男性比女性更爱看电视
    C 30 岁的人比 10 岁的人看电视时间长
    D 人们在休息日比工作日看电视时间长

22. 临走的时候，婆婆问了丈夫一句："路上要看的书都带了吗？" 她听了，感到非常意外。这种在很多人眼里可有可无之物，在婆婆和丈夫看来是非常重要的，是必需品，要随身携带。在机场，我们看到的总是拿着手机忙着接听电话、拿着 iPad 浏览网页的人，生怕漏过一个其实与自己无关的信息。她先生看到这样的情景，常觉得不可思议。

    A 婆婆要求丈夫在路上看书
    B 很多人觉得看书并不重要
    C 手机是所有现代人的必需品
    D 先生很喜欢用 iPad 浏览网页

第三部分

第 23-28 题：请选出正确答案。

23-25.

　　"世界那么大，我想去看看。"一封只有 10 个字的辞职信让河南省实验中学女教师顾少强走红网络。

　　写这封辞职信的时候，顾少强其实并没有太多顾虑，更没想到会引发关注。"当时想到这句话，提笔就写了。我平时就是这个样子，有什么说什么。早知道有这么大影响，我就把字写得好看点儿了！"顾少强开着玩笑说。

　　顾少强认为，辞职只是一个简单的事情，想去看看世界也是内心的真实想法。无论如何，她都会初心不改。"我就是一个特别普通的人，只是希望按照最初的想法走下去，不因为这件事改变最初的想法。"

　　谈到辞职原因，顾少强澄清了一些猜测。担任心理教师的这些年，她得到了很多锻炼与成长，离开只是因为想选择另一种生活方式。"我挺喜欢教师这个职业，觉得当老师挺过瘾的，以后还当老师也有可能。""不讨厌教师这份职业，辞职并非要摆脱体制束缚。"

　　"每个人都有选择自己生活方式的权利。"在她看来，生活本来简单。"我现在做的都是我想干的事，我现在想晒太阳就去晒太阳，想喝咖啡就去喝一杯，我觉得挺好的。"

23. 顾少强走红网络的原因是：
    A 她是河南人 　　　　　　　　B 她很想当老师
    C 她的字很好看 　　　　　　　D 她写了一封特别的辞职信

24. 对于教师这种职业，顾少强的看法是：
    A 很普通 　　　　　　　　　　B 很无聊
    C 很有意思 　　　　　　　　　D 要求字写得好

25. 顾少强辞职的原因是：
    A 她不喜欢当老师 　　　　　　B 她觉得被体制束缚了
    C 她想有选择生活方式的自由 　D 她想去晒太阳、喝咖啡

26-28.

　　我爱好剪剪贴贴，自认为这是我养生保健的绝招，因此长年乐此不疲。我这绝招，简单地说，就是将平时在报刊上看到的保健科普小常识剪下来，分门别类地整理到专门的剪贴本上，然后再装订起来。

　　如此剪剪贴贴我已坚持了六七年时间，装订成册的已有150多本。我这些装订成册的剪贴资料集实用性、趣味性于一体，我自认为很有保存价值。为了能存放长久一些，我用硬纸做了封面，并写上"养生保健"的书名，于是，一本本无书号、无封面设计、无价格的"三无保健书"就这样在我手中诞生了。我这些"书"随时供家人和好友翻阅，他们都说，它是最好的家庭医生。

　　退休后，我长期订阅医学科普类报纸，还有《老年文摘》《中国剪报》以及其他各种各样的报纸，其中，我特别喜欢《健康时报》。虽然各类报纸每月的订报费用占我养老金的不少一部分，但读报、剪报是我生活必不可少的内容。我年年订报，天天读报，偶尔还写点儿小文章。功夫不负有心人，几年来我有了不小的收获，总共发表稿件40余篇。

　　剪贴读报使我获得了无尽的精神享受。在这过程中，我看到有关学打太极拳的内容，于是对太极拳产生了浓厚的兴趣，并连续参加了两期培训班。现在，打太极拳成了我每天早晨必修的课程。原先我是个老病号，打了几年太极拳，我所患的胃病、肠炎均不治而愈。

26. 作者最大的爱好是：
   A 剪纸　　　　　　　　　　　B 剪报
   C 写书　　　　　　　　　　　D 治病

27. 关于作者，下列哪项正确？
   A 他经常感到疲劳　　　　　　B 他出版过保健书
   C 他已经退休了　　　　　　　D 他的胃病治不好

28. 最适合做上文标题的是：
   A 三无保健书　　　　　　　　B 最好的家庭医生
   C 我的剪报生活　　　　　　　D 我爱太极拳

三、书 写

第一部分

第 29-31 题：完成句子。

例如：发表　　这篇论文　　什么时候　　是　　的

　　　<u>这篇论文是什么时候发表的？</u>

29. 我　　干活儿　　随时　　可以　　开始

30. 就是　　我　　对　　新工作的要求　　待遇稳定

31. 让　　感受到　　雨后的彩虹　　一种平静　　他

第二部分

第 32 题：写短文。

32. 请结合下列词语（要全部使用，顺序不分先后），写一篇 80 字左右的短文。

　　撞、发愁、盼望、太太、未来

谈古说今

2

4

子路背米

一、听 力

第一部分 🔘 04-1

第1-6题：请选出正确答案。

1. **A** 老板的家

   B 公司办公室

   C 医院的病房

   D 公园西北门

2. **A** 大暴雨

   B 雷阵雨

   C 连阴雨

   D 毛毛雨

3. **A** 熬夜累的

   B 空调吹的

   C 老公传染的

   D 游泳着凉了

4. **A** 丈夫上班迟到

   B 自己忘关窗户

   C 孩子回家淋雨

   D 天气预报不准

5. **A** 下楼取包裹

   B 马上赶回家

   C 给快递员开门

   D 给丈夫打电话

6. **A** 加班工作

   B 拍电视剧

   C 准备资料

   D 看体育比赛

第二部分 　💿 04-2

第 7–14 题：请选出正确答案。

7. A 公司算错了钱数
   B 经理多加了工资
   C 男的还给了老板
   D 男的花光了工钱

8. A 没见过城墙
   B 没去过西安
   C 北京夜景没西安美
   D 北京拆掉了古城墙

9. A 了不起
   B 太谦虚
   C 犯了法
   D 真糊涂

10. A 夏天人太多
    B 景色最好看
    C 淡季门票便宜
    D 冬季才有云海

11. A 懂古代汉语
    B 学习古典文学
    C 能看中文原著
    D 对唐诗很有研究

12. A 是英国留学生
    B 在写毕业论文
    C 打算研究唐诗
    D 爱读明清小说

13. A 父母体弱多病
    B 赶上多年的战争
    C 家里失去了土地
    D 子路不想当农民

14. A 特别委屈
    B 十分难过
    C 非常生气
    D 很难为情

二、阅 读

第一部分

第 15-18 题：请选出正确答案。

　　父母的言传身教在很大程度上影响着孩子锻炼习惯的养成。家庭体育活动既是学校体育活动的延续和补充，又是孩子　15　课余时间的重要方式。体育活动不仅可以促进父母与孩子的交流，还能使家庭更快乐、更和谐、更幸福。

　　全家人一起参加体育活动，通过各种游戏或运动　16　运动中各种规则的约束，孩子更易养成遵守规则、尊重他人、公平竞争等　17　，并将其带到日常行为中。

　　与父母一起参加体育运动还可以起到良性互动的作用。比如父母与孩子一起爬山、游泳或滑雪，不仅能使孩子身体得到锻炼，还能培养其　18　。

15. A 抓紧　　　　B 浪费　　　　C 度过　　　　D 节省
16. A 并且　　　　B 以及　　　　C 另外　　　　D 甚至
17. A 特点　　　　B 能力　　　　C 脾气　　　　D 习惯
18. A 勤俭节约的思想　　　　B 自食其力的能力
　　 C 战胜困难的精神　　　　D 对家庭的责任感

第二部分

第19-22题：请选出与试题内容一致的一项。

19. 半年后，子路要回家了。子路路过镇上，买了一袋米、一块肉、两条鱼，背在后背上。天气非常寒冷，雪地很滑，子路不小心滑了一下，背上的米袋差点儿都被甩出去。他顶着大雪往前走，扶着米袋的双手冻得不行，就停下来暖暖，再继续赶路。

 A 子路冒着大雪赶回了家
 B 子路冻得甩掉了鱼和肉
 C 雪地太滑所以子路摔倒了
 D 子路买的东西多得背不动

20. 心理学家教会了一只名叫"猎人"的牧羊犬很多英文单词。这意味着，狗对人类语言的理解能力超过人类想象。"猎人"所掌握的1000多个单词里包括"飞盘""篮球"和"毛绒玩具"等。同时它还能根据作用和功能对这些单词进行分类，这与3岁儿童的能力是一样的。

 A "猎人"喜欢玩毛绒玩具
 B "猎人"的智力不如3岁儿童
 C "猎人"是最理解人类语言的狗
 D "猎人"会的单词比我们想象的多

21. 在中国历史上，许多朝代都曾经修建、扩建过长城。保存至今的秦长城已不多见，现在人们看到的大多是明长城。秦始皇时期修建的长城比明长城更靠北，并且大多是用土筑成的。在内蒙古包头一带，人们还可以看到保存较为完整的一段秦长城。

 A 明长城修建在秦长城的北面
 B 长城主要修建于秦代和明代
 C 秦代修建长城时多用土筑成
 D 秦长城仅在内蒙古包头一带

22. 唐太宗李世民改进科举考试，使大批有德有才的人当上官，为国家出力。他还努力减轻百姓的负担，发展农业生产，使百姓生活有了很大改善。他在位时，唐朝成为一个空前繁荣富强的国家，这一时期被后人称为"贞观之治"。

 A 李世民不重视发展农业生产
 B 百姓们纷纷要求减轻生活负担
 C 通过考试，李世民挑选了很多人才
 D "贞观之治"是中国社会最繁荣的时期

第三部分

第 23-28 题：请选出正确答案。

23-25.

　　在一个炎热的夏日，孔子乘坐马车去往齐国。忽然，从车窗外传来哗哗的水声。孔子说："天气说变就变。听，山那边下起了雷阵雨，快停车！"

　　随行的一位学生仔细听了听，说："这是山那边海浪拍打岸边岩石的声音，我是南方人，很熟悉这种声音。"孔子一听是海，非常好奇，因为他从来没见过海。于是，就带着学生们爬上山顶，去看大海究竟是什么样子。望着无边无际的大海，孔子感慨地说："大海真辽阔呀！做人就应该像大海一样，有辽阔的胸怀呀！"

　　过了一会儿，孔子觉得口渴，这个时候，正巧有一位渔民挑着一桶水走了过来。于是，孔子便走上前去，很客气地要水喝。渔民舀了一瓢清水，递给了孔子。孔子喝过水后，说："这海水真好喝啊！甘甜清凉。"渔民听后，忍不住笑道："海水又咸又苦，怎么能喝呢？你们可真是书呆子，连这点儿常识都不懂。"

　　一位学生听渔民这么说，非常生气地说："你真不知天高地厚，你知道这是谁吗？他可是大名鼎鼎的孔夫子。"

　　"孔夫子怎么啦？孔夫子也不见得样样都懂，刚才他不是想用海水解渴吗？海水是苦的，根本不能喝。我给他的可是清水。"渔民答道。

　　孔子听了，觉得非常惭愧，他沉思了一会儿，很诚恳地对学生们说："以前，我对你们讲'有些人一生下来就知道一些事情'，这话是不对的，很多事我也要学习，我们千万不能不懂装懂啊！"

23. 在路上孔子听到的是什么声音：
　　A 雨声　　　　　　　　　　　　B 雷声
　　C 海浪声　　　　　　　　　　　D 岩石滚落声

24. 那位渔民笑话孔子什么？
　　A 喝水的样子　　　　　　　　　B 自以为很了不起
　　C 书读得太少　　　　　　　　　D 不知海水是咸的

25. 孔子为什么觉得非常惭愧？
　　A 做错事却不改　　　　　　　　B 学生太骄傲了
　　C 自己看不起渔夫　　　　　　　D 自己也有不懂的事

26-28.

　　有个很有钱的大款，他的母亲老了，牙齿全坏掉了，于是他开车带着母亲去镶牙。一进牙科诊所，医生就建议他们镶贵一点儿的好牙，可母亲却要了最便宜的那种。医生不甘心，他一边看着大款儿子，一边耐心地讲解比较好牙与差牙的不同，想让儿子给母亲买好的。可是令医生非常失望的是，这个看起来很有钱的儿子却无动于衷，只顾着自己打电话，根本就不理他。医生没办法，同意了母亲的要求。这时，母亲颤颤悠悠地从口袋里掏出一个布包，一层一层打开，拿出钱交了押金，约好一周后再来镶牙。

　　两人走后，诊所里的人就开始大骂这个大款儿子，说他穿的是名牌，用的是很贵的手机，可却不舍得花钱给母亲装一副好牙。没想到，正当他们气愤地议论时，大款儿子又回来了。他说："医生，麻烦您给我母亲镶最好的烤瓷牙，费用我来出，多少钱都无所谓。不过您千万不要告诉她实情，我母亲是个非常节俭的人，我不想让她不高兴。"

　　孝敬父母要注意方式，应该让父母踏踏实实地按他们的习惯行事，做子女的要知道怎么才能让他们高兴，不要把自己的方式强加给他们。如果想要特别关照，一定要用心，不要让他们识破，否则好心反而会让他们不高兴。

26. 母亲为什么要去医院？
　　A 她生了重病　　　　　　B 她的儿子病了
　　C 她要装假牙　　　　　　D 她要预约看病

27. 儿子开始为什么不理医生？
　　A 他要抽烟　　　　　　　B 他要打电话
　　C 他舍不得为母亲花钱　　D 他不想让母亲发现实情

28. 上文主要谈的是：
　　A 老人需要假牙　　　　　B 大款儿子不孝顺
　　C 什么是真正的孝顺　　　D 好心反而会办坏事

三、书 写

第一部分

第29-31题：完成句子。

例如：发表　这篇论文　什么时候　是　的

　　　<u>这篇论文是什么时候发表的？</u>

29. 让她　坏脾气　不少委屈　我的　受了

30. 网上阅读的人　喜欢　8%　只　占到

31. 近千年的　在中国　这是个　民间故事　流传了

第二部分

第32题：写短文。

32. 请结合下列词语（要全部使用，顺序不分先后），写一篇80字左右的短文。

　　孝顺、惭愧、满足、决心、成就

一、听 力

第一部分 05-1

第1-6题：请选出正确答案。

1. **A** 去电视台
   B 做完作业
   C 收拾阳台
   D 洗洗衣服

2. **A** 女的不想干活儿
   B 女的感冒都好了
   C 男的不喜欢擦地
   D 男的擦地不干净

3. **A** 要带孩子过去
   B 请他招待朋友
   C 要去北京看他
   D 问候他的情况

4. **A** 出差
   B 旅游
   C 参加婚礼
   D 看老同学

5. **A** 美食
   B 风景
   C 京剧
   D 胡同

6. **A** 菜的味道很好
   B 风景很有特色
   C 感觉有些失望
   D 比想象的美丽

第二部分　　🔘 05-2

第 7–14 题：请选出正确答案。

7. **A** 没什么印象了

   B 没有宣传的好

   C 风景非常优美

   D 让她想起童年

8. **A** 不喜欢电影

   B 想去看故宫

   C 哪儿也不想去

   D 走路不太方便

9. **A** 来参加会议

   B 打算住一周

   C 想要大床房

   D 订了商务间

10. **A** 以前住在这里

    B 不太喜欢热闹

    C 读的小学很普通

    D 以前常路过这里

11. **A** 姐弟

    B 夫妻

    C 朋友

    D 母子

12. **A** 设施非常落后

    B 展馆面积很大

    C 刚进行过装修

    D 观众多很拥挤

13. **A** 学画已经 9 年了

    B 大家都抢购他的画

    C 看上去和同龄孩子很不同

    D 9 岁就得过许多绘画大奖

14. **A** 绘画技巧很成熟

    B 作品色彩很丰富

    C 作品充满表现力

    D 有超人的想象力

二、阅 读

第一部分

第15-18题：请选出正确答案。

　　一只狼出去找食物，找了半天都没有收获。偶然经过一户人家，听见房中孩子哭闹，接着___15___来一位老太婆的声音："别哭啦，再不听话，就把你扔出去喂狼吃。"狼一听此言，心中大喜，便守在不远的地方等着。太阳落山了，也没见老太婆把孩子扔出来。晚上，狼已经等得___16___了，转到房前想找机会进去，却又听老太婆说："快睡吧，别怕，狼来了，咱们就把它杀死煮了吃。"狼听了，吓得一溜烟跑回老窝。同伴问它收获___17___，它说："别提了，老太婆说话不算数，___18___，不过幸好后来我跑得快。"

15. **A** 递　　　　**B** 传　　　　**C** 听　　　　**D** 飘

16. **A** 不耐烦　　**B** 不舒服　　**C** 不要紧　　**D** 差不多

17. **A** 任何　　　**B** 如何　　　**C** 怎么　　　**D** 什么

18. **A** 就是不让我进门　　　　　**B** 请我到家里做客

　　　C 害得我饿了一天　　　　　**D** 跟我聊起来没完

第二部分

第 19-22 题：请选出与试题内容一致的一项。

19. 长江是我国最大最长的河流。它全长约 6300 公里，流域面积约 180 万平方公里，仅
次于非洲的尼罗河和南美洲的亚马孙河，为世界第三长河。长江发源于中国西部，自
西而东横穿中国中部，干流流经 11 个省、自治区、直辖市。长江干流通航里程达
2800 多公里，素有"黄金水道"之称。

    A 长江全长 2800 多公里
    B 长江是重要的航运水道
    C 亚马孙河是世界第三长河
    D 长江因出产黄金而著名

20. 在中国，风的变化与季节的变化有很大的关系。比如，炎热的夏天，中国大部分地区
刮东南风，东南风是从海上刮来的。它带来了温暖潮湿的气流，所以夏季才会温暖、
潮湿、多雨。而到了冬天，中国大部分地区开始刮西北风，西北风来自北方寒冷的蒙
古、西伯利亚等内陆地区，所以冬季气候通常寒冷、干燥、少雨。

    A 中国的夏季通常会刮西北风
    B 在中国东南风来自内陆地区
    C 在中国不同地区风向也不同
    D 中国的风向变化有季节规律

21. 世界上面积最大的海洋是太平洋，大约占海洋总面积的一半，它还是水最深的大洋。
太平洋中岛屿很多，大大小小共有两万多座。太平洋里生长着许多动物和植物，无论
是浮游生物和海底植物，还是鱼类与其他动物，都比其他大洋丰富。太平洋底还有着
丰富的石油等矿藏。

    A 太平洋的鱼类有两万多种
    B 最大最小的岛都在太平洋
    C 太平洋里的动植物最丰富
    D 太平洋的石油资源最丰富

22. 济南的泉水，历史悠久，最早的文字记载可以推到 3000 多年前。许多文人都对它的
声音、颜色、形状、味道进行过描写，留下了许多赞美泉水的诗文。而济南的老百姓
住在泉边，喝着这甜美的泉水，自然对泉水充满感激之情，从而也产生出了许多关于
泉水的美丽传说。

    A 文人最喜欢描写泉水味道的甜美
    B 三千年前就有许多赞美泉水的诗文
    C 济南的百姓很感激文人对泉水的描写
    D 在百姓中流传着许多有关泉水的传说

第三部分

第 23-28 题：请选出正确答案。

23-25.

　　我的爷爷是个玉雕艺人，一辈子不知做过多少精美的玉器。晚年的时候，爷爷的名声在同行里无人不知，许多富人把拥有一件出自爷爷之手的玉器引为骄傲。

　　爷爷要退休了，他为他的老板干了一辈子，他没有任何过分的想法，只是想得到多年来盼望已久的一块璞玉。爷爷一生为老板赢得了无数财富，这个小小的要求，他觉得老板一定会满足他，却不想老板笑笑说："我正准备要您帮我做最后一个物件，就用这块璞玉，您用出全部的本领，能把它做成什么就是什么！"

　　爷爷听后，心里暗暗生气。他抱怨老板的无情，自己老了，没有用了，连这点儿情面都不给。爷爷感慨人情冷漠，把全部的失望和恼怒都发到了那块璞玉上，他做了一件非常难看的玉船。

　　把玉船交给老板后爷爷默默地离开，老板紧赶慢赶追上来，态度诚恳地送给爷爷一个锦缎的盒子："老人家，您为我工作了一辈子，这点儿东西，留给您做个纪念吧！"爷爷打开一看，不禁惭愧地低下了头：盒子里装的正是自己最后做的那件玉船。

23. 根据本文，晚年时的爷爷：
　　A 非常有名　　　　　　　　　B 非常富有
　　C 爱抱怨别人　　　　　　　　D 特别骄傲

24. 要退休时，爷爷有什么打算？
　　A 想痛骂老板一顿　　　　　　B 准备做一件玉船
　　C 想跟老板要笔钱　　　　　　D 希望得到那块璞玉

25. 关于爷爷的老板，从文中可知：
　　A 非常小气　　　　　　　　　B 无情无义
　　C 很感谢爷爷　　　　　　　　D 不想让爷爷走

26-28.

元朝修建北京城时按照严格的规划，城内的主要街道都像棋盘一般整齐划一，并然有序，因此，北京人的方位感特别强。在北京问路，指路的人一般会告诉你路南还是路北。北京的胡同都比较平直规则，大多是东西走向的，而且为了便于通行和采光，元代

时规定，城区胡同宽度约为9米，由于两旁房屋低矮，哪怕在冬季，只要是晴天，胡同里便充满阳光。这一规定到明清时就不再那么严格了，这样有些地方就出现了一些不规则的胡同，有长有短，有宽有窄，有横有竖，有直有斜。其中还有许多小胡同，貌不惊人，却留下了许多历史文化印记。

前门大栅栏（dàshílànr）原本也是一条普通胡同，宽不过七八米，长不过200多米。然而，这里却是北京最古老的商业中心之一。至今在这里仍汇集着许多著名的老字号商家，如同仁堂中药店、瑞蚨祥绸布店、张一元茶叶店、内联升鞋店……

小胡同也有自己的故事。在西城区的大街上，有一条很不起眼的小胡同，叫小羊圈胡同，入口处最窄的地方只有一米多宽，可是谁又能想得到，现代中国的大作家老舍就诞生在这条小胡同里。在老舍的《小人物自述》《四世同堂》《正红旗下》三部著名小说中，他都把小羊圈胡同作为小说主人公生活和活动的舞台，使这条本来名不见经传的小胡同被世人所熟知。小羊圈胡同后来改名为小杨家胡同。

26. 根据本文，北京人的方位感强是因为：
    A 城市不大　　　　　　　　　B 街道整齐有序
    C 地名很好记　　　　　　　　D 房屋修建有规定

27. 关于北京的胡同，下列哪项不正确？
    A 多为东西走向　　　　　　　B 一般宽约为9米
    C 冬季采光不好　　　　　　　D 多比较平直规则

28. 关于小羊圈胡同，从文中可知：
    A 宽度只有一米多　　　　　　B 很不引人注意
    C 是老北京商业中心　　　　　D 老舍在此写了三部小说

三、书 写

第一部分

第 29-31 题：完成句子。

例如：发表　　这篇论文　　什么时候　　是　　的

　　　这篇论文是什么时候发表的?

29. 强烈的　　两种颜色　　对比　　形成了　　这

30. 两千多年前的　　于　　皮影戏　　西汉时期　　产生

31. 往往　　能　　一个人的心态　　脸上的表情　　反映

第二部分

第 32 题：写短文。

32. 请结合下列词语（要全部使用，顺序不分先后），写一篇 80 字左右的短文。

　　传说、流传、悠久、优美、充满

6 除夕的由来

一、听力

第一部分 💿 06-1

第1-6题：请选出正确答案。

1. A 天快要亮了
   B 雨下得很大
   C 看见了彩虹
   D 雨过天晴了

2. A 除夕
   B 元旦
   C 大年初一
   D 12月31日

3. A 现在太热了
   B 院里不安全
   C 要吃晚饭了
   D 没时间陪他

4. A 看过几遍
   B 没听说过
   C 不感兴趣
   D 看不太懂

5. A 熬夜加班
   B 经常失眠
   C 很没精神
   D 遇到困难

6. A 对比赛失望
   B 堵车迟到了
   C 没看成比赛
   D 路上迷路了

第二部分　　🔘 06-2

第7–14题：请选出正确答案。

7. **A** 在国庆节之后
   B 日历上没有标
   C 常在公历9月
   D 没有固定时间

8. **A** 坚决要放
   B 少买一些
   C 买了就放
   D 今年不放

9. **A** 是北方人
   B 喜欢吃肉
   C 不会包粽子
   D 爱吃肉粽子

10. **A** 很不理解
    B 表示好奇
    C 绝对相信
    D 觉得有趣

11. **A** 书房
    B 客厅
    C 厨房
    D 卧室

12. **A** 很少看电视
    B 很喜欢睡觉
    C 爱躺着看球
    D 是个足球迷

13. **A** 时间安排合理
    B 充分利用时间
    C 多方面地学习
    D 从不和人聊天儿

14. **A** 喜欢跑步的人
    B 找他帮忙的人
    C 爱议论别人的人
    D 很珍惜时间的人

二、阅 读

第一部分

第 15-18 题：请选出正确答案。

　　一次，奥地利著名作曲家约翰·施特劳斯去美国演出，大为轰动。

　　他身材高大，英俊不凡，特别是他的卷曲长发，很引人注目。一位姑娘想办法得到了一束施特劳斯的长发，当作珍品保存__15__。消息传开，人们__16__向他索要头发留作纪念，一时竟出现了施特劳斯的"头发热"。好心的施特劳斯__17__。于是有些人开始__18__他的头发担心。施特劳斯离开美国时，许多人前来送行。这时，只见他挥着帽子向人们告别，人们看到他的卷曲长发还好好地长在头上，只是他来美国时带来的一条长毛狗变成了短毛狗。

　　不要一味地去满足别人的需求，因为善事是做不完的。聪明的人懂得恰当地"运用"自己的善心。

15. **A** 过来　　　**B** 起来　　　**C** 下去　　　**D** 出来
16. **A** 果然　　　**B** 好像　　　**C** 纷纷　　　**D** 暗暗
17. **A** 一一满足了人们的要求　　**B** 写了一封长信表达了感谢
　　 C 向民众公开表示道歉　　　**D** 生气地拒绝了人们的要求
18. **A** 给　　　　**B** 替　　　　**C** 向　　　　**D** 对

第二部分

第 19–22 题：请选出与试题内容一致的一项。

19. 传说在很久以前，有个叫作"夕"的怪物，经常出来伤害百姓，百姓对其恨之入骨，
但是又十分无奈。它一般在太阳落山后出来害人，到天亮前又会逃得连影子都找不着
了；此外，它特别害怕声响。

   A "夕"常在天亮前出现
   B 百姓拿"夕"没有办法
   C "夕"会发出可怕的响声
   D "夕"跑得很快不容易见到

20. 端午节是中国民间传统节日，在每年农历的五月初五。"端"字有"初始"的意思，
因此"端五"就是"初五"，而"午"与"五"同音，因此"端五"也就渐渐变为了
"端午"。一般认为，端午节与屈原有关。屈原是古代爱国诗人，写过许多优秀作品，
看到国家战败而投江自杀。于是人们以吃粽子、赛龙舟等方式来纪念他。

   A 屈原是端午节的创始人
   B 屈原是在这一天战死的
   C 端午节的"午"表示第五日
   D 屈原写过很多关于端午节的诗

21. "小吃"与正餐不同，"小吃"是不到吃饭时间，用来暂时解饿或是吃着玩儿的食物。
北京的风味小吃历史悠久、品种繁多、用料讲究、制作精细、独具特色，反映了老北
京的韵味。这些小吃过去都在庙会或沿街集市上叫卖，人们无意中就会碰到，老北京
人形象地称之为"碰头食"，当然如今都进了小吃店。

   A 小吃一般在正餐之后吃
   B 小吃通常比正餐价钱便宜
   C 北京的小吃种类多、制作精美
   D "碰头食"是一种有名的北京小吃

22. 秋千，据说是古代春秋时期，从我国北方民族地区传入的，后来成为深受妇女、儿童
喜爱的传统体育游戏。秋千最初是一根绳子，用手抓绳而荡，后来人们在木架上悬挂
两根绳子，下面固定一块横板，人坐或站在板上，两手分别握绳，前后往返摆动。

   A 秋千在春秋时期已非常流行
   B 开始时荡秋千只用一手握绳
   C 荡秋千现在已成为体育比赛
   D 孩子可坐在秋千的板上玩儿

第三部分

第 23–28 题：请选出正确答案。

23-25.

过去北京城区和郊区的寺庙几乎都会举办庙会，在祭祀的日子里，有很多人会到寺庙烧香。于是许多小商小贩纷纷赶来，在寺庙内外摆摊售货，久而久之庙会就发展为定

期的集市。北京的庙会，最早的记载见于辽代。到了清朝，实际上已经成了民俗活动与集市贸易相结合的活动。北京市民去庙会已不再是去烧香，而是集购物、娱乐、饮食为一体的综合活动，去庙会要说"逛庙会"。

厂甸，是北京市和平门外琉璃厂街与新华街交叉路口一带的地名。在旧京城的众多庙会中，只有厂甸的庙会不是在寺庙内，每年只在春节才有一次，是市民过大年游乐的去处，规模大、京味浓、闻名全国。

厂甸庙会至今已有 400 多年的历史，新中国成立后，厂甸的庙会仍一直举行，到 20世纪 60 年代初期，依然红火热闹，后来停办了 37 年。2001 年，北京市又恢复了厂甸庙会，内容包括老北京传统花会、旧京民俗老照片展、老天桥绝活表演、京剧等传统剧目演出、特价书市、传统玩具、风味小吃等等，形式多样，异彩纷呈。这些与旧时不同的北京非物质文化遗产展演活动，成为如今厂甸庙会的一道独特风景。

23. 下列哪项不是现在逛庙会的目的?
 A 烧香 B 购物
 C 看表演 D 吃小吃

24. 关于厂甸庙会，下列哪项不正确?
 A 并不在寺庙举办 B 曾中断一段时间
 C 规模大、全国闻名 D 新中国成立后停办

25. 本文最后一段主要介绍了厂甸庙会的:
 A 影响力 B 历史意义
 C 发展变化 D 文化价值

26-28.

　　壮族自古以来就是一个爱唱山歌的民族，壮族的青年男女在寻找恋人时，往往通过对歌的方式表达爱意。每到歌圩（xū）节时，年轻人会穿上节日的服装，相约来到预定地点，成群对歌。

　　一般男青年先主动唱"游览歌"，遇到有比较合适的对象，就唱"见面歌"和"邀请歌"，直唱到姑娘满意时，姑娘才答歌。有时，一些笨嘴的小伙子，一直唱了三四个小时姑娘也没反应，只好失望离去，让给唱得更好的青年。得到女方答应，就开始唱"询问歌"，彼此互相了解，便唱"爱慕歌""交情歌"，分别时还会唱"送别歌"，歌词随编随唱，比喻贴切，亲切感人。青年男女经过对歌后，建立一定感情，相约下次歌圩再会。

　　歌圩上，除对歌外，还举行丰富多彩的体育、游戏等文化娱乐活动，如精彩的抛绣球，有趣的碰彩蛋，热闹的放花炮，以及深受群众喜爱的壮戏等。抛绣球时，男女相对站立，姑娘向意中人扔出绣球，对方如果中意，就在绣球上系上礼物，投还给女方。碰蛋时，小伙子用手上的彩蛋碰姑娘手中的彩蛋，姑娘如果愿意和他做朋友，就留出半边蛋让他碰；不愿意，就整个握住。还有的是甲村向乙村送去彩球，相约还球时举行山歌比赛，如乙村输了，彩球不准送还，来年继续比赛，直到唱赢为止。

26. 根据本文，小伙子看到喜欢的姑娘时，会唱什么歌？

　　A 游览歌　　　　　　　　　　　**B** 邀请歌

　　C 询问歌　　　　　　　　　　　**D** 交情歌

27. 根据本文，甲村向乙村送去彩球时，乙村要做什么？

　　A 送对方彩蛋　　　　　　　　　　**B** 跟甲村赛歌

　　C 放花炮欢迎　　　　　　　　　　**D** 搞游戏活动

28. 关于歌圩，本文中没有提到什么？

　　A 活动的形式　　　　　　　　　　**B** 活动的内容

　　C 活动的目的　　　　　　　　　　**D** 活动的时间

三、书 写

第一部分

第 29-31 题：完成句子。

例如：发表　这篇论文　什么时候　是　的

___这篇论文是什么时候发表的?___

29. 会　这东西　有用处的　以后说不定　还

30. 下午　跳舞　整个　他们　都在

31. 楼房　代替了　方盒子　似的　北京原有的平房

第二部分

第 32 题：写短文。

32. 请结合下列词语（要全部使用，顺序不分先后），写一篇 80 字左右的短文。

节日、意义、表达、风俗、纷纷

倾听故事

3

成语故事两则

一、听　力

第一部分　07-1

第1-6题：请选出正确答案。

1. A 尾巴

   B 耳朵

   C 身子

   D 牙齿

2. A 屋子外面

   B 屋子里面

   C 窗户外面

   D 足球场上

3. A 夫妻交流

   B 招聘面试

   C 记者采访

   D 同事聊天儿

4. A 金属

   B 石头

   C 木头

   D 塑料

5. A 他不愿意蹲下

   B 他想被人发现

   C 他准备去那边

   D 他不会被看见

6. A 支持

   B 肯定

   C 否定

   D 兴奋

第二部分   07-2

第7-14题：请选出正确答案。

7. A 这次考试太难
    B 最近不太认真
    C 考前没有复习
    D 熬夜精神不好

8. A 应该开空调
    B 开电扇就够
    C 天气很凉快
    D 电扇很费电

9. A 非常重要
    B 不需要保护
    C 失去了生命力
    D 没有办法保护

10. A 唱歌比赛
    B 射箭比赛
    C 智力问答
    D 机器维修

11. A 中国当代故事
    B 中国传统故事
    C 外国当代故事
    D 外国传统故事

12. A 饿死的
    B 冻死的
    C 渴死的
    D 累死的

13. A 春天
    B 夏天
    C 秋天
    D 冬天

14. A 天真的
    B 小气的
    C 周到的
    D 坦率的

二、阅 读

第一部分

第15-18题：请选出正确答案。

    昨天的数学考试里有一道很有意思的题：有三张大小一样的卡片，上面画着不同的画。把它们__15__从中间剪开，每一张都分成上下两部分。然后把三张卡片的上半部分都__16__，把下半部分都放进第二个盒子中。拿起两个盒子摇一摇，打乱__17__的卡片，从每个盒子中各__18__一张。请问，有多大的可能，两个部分正好可以拼成原来的画？

15. **A** 特别   **B** 分别   **C** 区别   **D** 个别
16. **A** 藏起来   **B** 放进第一个盒子里
    C 放在桌子上   **D** 放在一个塑料袋里
17. **A** 表面   **B** 片面   **C** 对面   **D** 里面
18. **A** 伸出   **B** 挣出   **C** 摸出   **D** 扶出

第二部分

第 19-22 题：请选出与试题内容一致的一项。

19. 西汉时期有一位著名的将军叫李广，他善于骑马射箭，作战勇敢，被称为"飞将军"。他曾经有一次把一块大石头当成了老虎，结果把一整支箭都射进了石头中。士兵们都惊呆了。

    A 李广是唐朝的将军
    B 李广功夫很好，会飞
    C 李广射死了一只老虎
    D 李广把石头当成了老虎

20. 一个勤劳善良的农民，收获了一个好大好大的西瓜。他把这个西瓜献给国王，国王很高兴，赏给农民一匹高大结实的马。很快，这件事大家都知道了。有个富人心想：献个西瓜，就能得到一匹马；如果献一匹马，国王会赏给我多少金银或者美女呢？于是富人向国王进献了一匹好马。国王同样很高兴，告诉身边的人："把那个农民献的大西瓜赏给这个献马的人吧。"

    A 农民向国王进献了一匹好马
    B 富人希望能得到更多的赏赐
    C 国王赏给了富人金银和美女
    D 国王对富人的进献很不满意

21. 甲骨文是刻在龟甲、兽骨上的文字。从 1899 年开始，大约出土了 10 万多片甲骨，所见单字总数近 5000 个，其中只有 1000 多字能够被准确辨认。现已发现的甲骨文大部分属于商朝时期。最早发现于河南安阳小屯的殷墟，所以又称"殷墟文字"。

    A 甲骨文的"甲"是指龟甲
    B 甲骨文都已被辨认出来了
    C 甲骨文都是商朝时的文字
    D 甲骨文都是在河南发现的

22. 汉语中的第三人称代词"她"，是现代诗人刘半农首创的。古代汉语中没有"她"字，第三人称不分男女，一律写成"他"。到五四时期，曾在法国留学的刘半农觉得，白话文的兴起，加上翻译介绍外国文学作品的增加，第三人称代词使用频繁，仅仅一个看不出性别的"他"是不够的。于是，1917 年，刘半农在翻译一个英国戏剧时，用了自己创造的"她"字。

    A 汉语中的第三人称代词只有一个
    B 刘半农五四时期曾经在英国留学
    C 古汉语中指称女性也用"他"字
    D "她"字与白话文是同年出现的

第三部分

第 23–28 题：请选出正确答案。

23–25.

　　古时候有个人，我们暂且叫他张三吧。张三辛苦了大半辈子，存了三百两银子。他心里很高兴，但是也很苦恼，怕有人把他的银子偷走，不知道放在哪里才安全。带在身上吧，不方便；放在抽屉里，觉得不妥当；放在床底下，好像还是容易被偷……他捧着银子，冥思苦想了半天，终于想到了一个自以为巧妙的办法。

　　当天晚上，他趁着夜深人静，找了一个箱子，把银子放在箱子里，然后在自家院子里的墙角边挖了个坑，把箱子埋在里面。埋完了他还是不放心，害怕别人怀疑这里藏了银子，于是就在白纸上写了"此地无银三百两"七个大字，贴在坑边的墙上，这才放心地睡觉去了。

　　这一整天，他心神不宁的样子早就被邻居王二看到了。第二天半夜，王二悄悄溜进他家的院子，把三百两银子都偷走了。王二看着白花花的银子又激动又担心。为了不让张三知道是他偷了银子，便在"此地无银三百两"的下面加上了一句"隔壁王二不曾偷"。

　　后来，人们就用这两句话来形容人自作聪明，本来想要隐藏起来、不让别人知道的事情，反而暴露了。使用时，这两句话也可以简化成"此地无银"。还有"不打自招""欲盖弥彰"等成语，都有类似的意思。

23. 张三把银子藏在了：
　　A 抽屉里　　　　　　　　　**B** 床底下
　　C 墙里面　　　　　　　　　**D** 地底下

24. 王二为什么要留下一句话？
　　A 他的书法很好　　　　　　**B** 他怕张三怀疑他
　　C 他想让张三来找他　　　　**D** 他怕张三不知道他是谁

25. 下列词语，哪个与"此地无银"的意思无关？
　　A 自作聪明　　　　　　　　**B** 不打自招
　　C 欲盖弥彰　　　　　　　　**D** 远亲不如近邻

26-28.

普通话中有四个声调，通常叫四声，我们依次把它们称为"阴平、阳平、上声（'上'读第三声）、去声"。

标声调首先要读准字音，这样就不会标错第几声。但在读准音的情况下还请记住，标声调有一个规律：所有声调都是标在韵母上的。不过，标在哪个韵母上也有一定要求。

根据《汉语拼音方案》的规定，"声调符号标在音节的主要母音上"。主要母音就是主要元音，也就是韵母的韵腹。有 a、o、e 的韵母，a、o、e 就是主要元音；以单元音 i、u、ü 作为韵母的，i、u、ü 就是主要元音。简单地说就是一般按元音的开口大小标调，即 a-o-e-i-u-ü 的顺序，都是标在开口大的上面。不过韵母 iou、uei、uen 省略成 iu、ui、un 后，韵腹 o、e 不见了，调号标在哪里呢？现在的习惯办

法是标在后一个元音字母上，即标在 iu 的 u、ui 的 i 上，un 当然标在 u 上。有句顺口溜可以帮助我们记忆："有 a 在，把帽戴；a 要不在，o、e 戴；要是 i、u 一起来，谁在后面给谁戴。"

汉语中还存在着一种特殊声调，叫作轻声，有时也叫第五声，它也能够起到分辨语义的作用，写汉语拼音时不标调号。也有学者认为"第五声"的说法并不确切。

26. 汉语拼音中的"阴平"指的是：
   A 第一声　　　　　　　　　　　B 第二声
   C 第三声　　　　　　　　　　　D 第四声

27. 根据《汉语拼音方案》，下列拼音中正确的是：
   A 瞎 xīa　　　　　　　　　　　B 说 shūo
   C 摇 yaó　　　　　　　　　　　D 慧 huì

28. 关于轻声，下列说法正确的是：
   A 轻声是四声中的一种　　　　　B 轻声不能区别词义
   C 轻声书写时没有相应的调号　　D 学者们对轻声的看法一致

三、书 写

第一部分

第 29-31 题：完成句子。

例如：发表　　这篇论文　　什么时候　　是　　的

　　　<u>这篇论文是什么时候发表的?</u>

29. 我　　了　　五六支箭　　连续　　射

30. 一定能　　寻找到　　相信　　你　　最终的结论

31. 他说这话　　反应过来　　我　　完全没有　　的时候

第二部分

第 32 题：写短文。

32. 请结合下列词语（要全部使用，顺序不分先后），写一篇 80 字左右的短文。

　　智慧、尽力、善于、反应、分别

8 "朝三暮四"的古今义

一、听 力

第一部分 💿 *08-1*

第1–6题：请选出正确答案。

1. **A** 语音
   B 汉字
   C 词汇
   D 语法

2. **A** 堵车了
   B 门口人多
   C 没抢到票
   D 被人拦住了

3. **A** 双音节词增加了
   B 双音节词减少了
   C 多音节词增加了
   D 多音节词减少了

4. **A** 抱怨的
   B 惭愧的
   C 鼓励的
   D 无奈的

5. **A** 太小
   B 很好
   C 很特别
   D 太贵了

6. **A** 别限制他
   B 他要减肥
   C 女的在胡说
   D 他吃得不多

第二部分　　🔘 08-2

第 7–14 题：请选出正确答案。

7. **A** 夫妻

   B 母子

   C 同事

   D 师生

8. **A** 主食

   B 蔬菜

   C 肉类

   D 水果

9. **A** 抱怨

   B 委屈

   C 询问

   D 安慰

10. **A** 已经想了很多办法

    B 已经试过这个办法

    C 这是最好的方式

    D 还需要更多时间

11. **A** 盲人摸象

    B 朝三暮四

    C 全神贯注

    D 相敬如宾

12. **A** 结构特点

    B 意义特点

    C 使用特点

    D 历史特点

13. **A** 来尝兔子兄弟的饼

    B 来看兔子兄弟的饼

    C 来帮兔子兄弟分饼

    D 来送给兔子兄弟饼

14. **A** 狐狸

    B 兔哥哥

    C 兔弟弟

    D 都没吃到

二、阅 读

第一部分

第 15-18 题：请选出正确答案。

如果你常常在手机或电脑上跟人聊天儿的话，相信你除了输入文字，一定也用过____15____。有了它，互联网时代的我们变得越来越懒。以前我们想要表达一种意思，比如____16____，可能需要花时间打出一句____17____的话；而现在，只要轻松地点一个笑脸就好了。不过，也有专业人士怀疑它的发展前景，他们____18____并不认为这种方式能够一直被大范围应用下去。

15. **A** 表演　　　**B** 表情　　　**C** 表面　　　**D** 表达
16. **A** 我很生气　　　　　**B** 我很吃惊
　　C 我很高兴　　　　　**D** 我很伤心
17. **A** 完整　　　**B** 整齐　　　**C** 整个　　　**D** 整体
18. **A** 相信　　　**B** 相似　　　**C** 似的　　　**D** 似乎

<h1 style="text-align:center">第二部分</h1>

第 19-22 题：请选出与试题内容一致的一项。

19. 从前有位老人，他很喜欢动物，便喂养了一群猴子当宠物。相处久了，他们的关系越来越好，彼此居然可以从表情、声音和行为举止中了解对方的意思。所以，虽然猴子不会说话，他们仍然可以很好地交流。

    A 老人把猴子当朋友
    B 他们通过语言互相交流
    C 他们之间的关系不太好
    D 他们能理解对方的意思

20. 你永远是别人嘴里的故事，而别人的故事又永远在你的嘴里。结果故事从你的嘴到别人的耳朵，然后再从别人的嘴到另一个人的耳朵，就这样一路流传下去。最后你会听到你的故事，是一个热心的人好意过来告诉你的。你听完了，却不知道那是你的故事，因为在你的身上，从来没有发生过如他嘴里所叙述的那样的故事。到底那是谁的故事？噢，原来是集体创作。

    A 每个人都喜欢给别人讲故事
    B 大家希望别人知道自己的故事
    C 故事在流传的过程中会有变化
    D 大家一起商量写了一个故事

21. 恋人们之间彼此常有亲昵的称呼。有的国家，恋人用小动物相称，如维也纳人称自己的心上人为"我的小蜗牛"；有的国家以植物相称，如日本人称其恋人为"美丽的山花"；还有的国家用食物称呼自己的情人，如美国人叫"蜜糖"，波兰人称"饼干"。

    A 每对恋人之间都有昵称
    B 蜗牛是一种植物的名称
    C "美丽的山花"是日本人用的
    D "蜜糖、饼干"都是人的名字

22. 强烈的需要会成为某一时期消费行为的决定性力量。但是，某一需要最终转换为消费行为还取决于消费者个人的习惯、个性和家庭的收入总水平与财产额的高低，以及家庭规模与结构的特点。

    A 消费行为与需要无关
    B 消费行为与财产有关
    C 消费行为与性别有关
    D 消费行为与收入无关

第三部分

第23-28题：请选出正确答案。

23-25.

就讲单一语言的人口而言，汉语是世界上最大的语种，以汉语为母语的人有十几亿。

我们平时说的汉语，其实更多时候指的是普通话。普通话是中国不同民族间进行沟通交流的通用语言，以北京语音为标准音，以北方话为基础方言，以典范的现代白话文著作为语法规范。而汉语中还包括很多方言，如北方方言、吴方言、粤方言、闽方言、赣方言、湘方言和客家话。

汉语缺少严格意义的形态变化，这是汉语和印欧语言的根本区别，并由此产生了一系列其他特点：第一，同样的词，语序不同，组成的短语或句子就不一样。第二，汉语词类和句法成分的关系复杂，并不对应，如名词，既可以做主语、宾语，也可以做定语、状语，在一定的条件下甚至还可以做谓语。第三，音节的多少会影响语法形式，例如，有些双音节词就要求跟其他的双音节或多音节词一起使用，而不能用同样意义的单音节词，比如我们可以说"显得高兴、显得格外美丽"，但不能说"显得高"，必须说"显得很高"。

随着社会的发展，汉语也处于不断的变化完善中。所以，要学好汉语，我们也必须关注汉语的新发展。

23. "七大方言"不包括：

   A 北方方言   **B** 湘方言
   C 普通话   **D** 客家话

24. 下列哪项反映了汉语的语序特点？

   A 汉语不说"三个学生们"   **B** "固定座位"和"座位固定"不同
   C 可以说"今天星期一"   **D** 不能说"互相帮"

25. 关于汉语的描述，下列哪项正确？

   A 普通话以北京语音为标准音   **B** 汉语属于印欧语言
   C 汉语词类与句法成分一一对应   **D** 汉语是固定不变的

26-28.

　　"不得要领"这个成语来源于《史记》。成语中的"要"，即"腰"，指衣腰；"领"指衣领。古人上衣下裳，提上衣时拿着衣领，提下裳时拿着腰的部分。所以"要领"比喻人的主要意思或态度。"不得要领"现在一般用来形容说话、写文章抓不住要点或关键。

　　《史记》中记载了汉武帝初即位的时候，听说北方的月氏人对匈奴人怀着强烈的仇恨，他们想攻打匈奴，但得不到别国的帮助。当时，武帝正想消灭匈奴。听了这话，就招募了张骞作为使者，出使月氏。

　　要到月氏去，必须经过匈奴，很不幸，张骞经过匈奴的时候被抓住了。匈奴的王把张骞扣留下来，并且对他说："月氏在我们的西北，你们汉人怎么能穿过我们的地方，出使到那里去？如果我们要出使到越国去，你们能让我们去吗？"就这样，张骞被匈奴扣留了十多年，还在那里成了家，生了儿子。

　　后来，匈奴放松了对张骞的监视，他就与随从们一起逃走了。在其他国家的帮助下，终于找到了月氏人西迁以后建立的大月氏。但是，现在月氏国人已经立了被杀国王的太子为新国王，在新土地上定居了下来。那里物产丰富，没有战争，他们只想过太平的日子，不再有向匈奴报复的心愿了。张骞谈的夹击匈奴的事月氏人并不感兴趣，他在那里停留了一年多，劝说一直抓不住要点，不得要领，始终不能得到月氏对与汉共击匈奴之事的明确表态，最后只得起程回国。

26. "不得要领"中的"领"是指：

    A 领带   **B** 领导

    C 本领   **D** 衣领

27. "不得要领"的故事发生在什么时候？

    A 汉武帝在位的时候   **B** 汉武帝攻打匈奴的时候

    C 建立大月氏的时候   **D** 写《史记》的时候

28. 为什么说张骞"不得要领"？

    A 他被抓住了   **B** 他在匈奴成了家

    C 他没有找对地方   **D** 他没有把握劝说的要点

三、书 写

第一部分

第 29-31 题：完成句子。

例如：发表　这篇论文　什么时候　是　的

　　　　这篇论文是什么时候发表的？

29. 固定的　产品　有　这种　消费群体

30. 把　完整地　请你　昨晚的经历　叙述一遍

31. 不　家庭的财力　他的需要　满足　能

第二部分

第 32 题：写短文。

32. 请结合下列词语（要全部使用，顺序不分先后），写一篇 80 字左右的短文。

　　相处、对方、调皮、行为、似乎

9 别样鲁迅

一、听 力

第一部分　09-1

第1-6题：请选出正确答案。

1. A 他只吃不做

   B 他不会做饭

   C 他很会种粮食

   D 他很了解美食

2. A 女的是专家

   B 女的是记者

   C 女的很有想法

   D 女的写了一篇文章

3. A 同意

   B 拒绝

   C 担心

   D 委屈

4. A 不清楚

   B 排名第一

   C 排名最后

   D 不方便说

5. A 资料并不宝贵

   B 资料很难保存

   C 已经保存好了

   D 可以送给女的

6. A 作者是鲁迅

   B 写于 1924 ～ 1925 年

   C 是一部长篇小说

   D 共收录 11 篇小说

第二部分　💿 09-2

第 7–14 题：请选出正确答案。

7. A 很豪华

   B 他没有去过

   C 适合朋友聚会

   D 周末可能没座位

8. A 她需要借钱

   B 她已经借到钱

   C 她没有办法赚钱

   D 她不想跟男的借钱

9. A 夫妻

   B 朋友

   C 同事

   D 师生

10. A 自己家

    B 小饭馆儿

    C 学校食堂

    D 高档酒店

11. A 齐国

    B 鲁国

    C 楚国

    D 赵国

12. A 他创立了道家学派

    B 他共有 72 个学生

    C 他一直在家乡教学

    D 他对后世影响很大

13. A 现代人

    B 文学家

    C 政治家

    D 运动员

14. A 利用桶的重量

    B 利用水的浮力

    C 伸手进树洞去取

    D 请大人们来帮忙

二、阅 读

第一部分

第 15–18 题：请选出正确答案。

　　新员工培训的时候，为了在群体中比别人更早地__15__出自己的领导能力，很多人会__16__着做事，希望占据主动地位。其实，__17__。你应该把更多的心思花在如何完成任务上，想办法提出比别人更有价值的操作方式；另外，领导力并不等于事事都要__18__去做，而是要懂得如何信任和尊重自己的团队成员，让每个人发挥自己的作用。

15. **A** 表演　　　　**B** 显得　　　　**C** 表现　　　　**D** 表达
16. **A** 挣　　　　　**B** 抢　　　　　**C** 挡　　　　　**D** 摸
17. **A** 这种做法是对的　　　　　**B** 没有人会这样做
　　　C 培训以后才应该这样　　　**D** 这种做法并不正确
18. **A** 亲自　　　　**B** 亲口　　　　**C** 各自　　　　**D** 个人

第二部分

第 19-22 题：请选出与试题内容一致的一项。

19. 鲁迅大方好客且喜欢美食，常与朋友三五个人一起边吃边聊。有时甚至会直接让广和居送外卖到家里，在家招待朋友。当然最重要的还是因为广和居有鲁迅喜欢的菜。那里的菜既有高档的，也有适合普通百姓的，样样都让人有胃口。

   A 鲁迅喜欢独自享受美食
   B 鲁迅喜欢广和居的环境
   C 广和居有外卖服务
   D 广和居的菜价较贵

20. 徐霞客是明末地理学家，经34年旅行，写有名山游记17篇和《浙游日记》等多部著作，除佚散者外，剩有60余万字游记资料，死后由他人整理成《徐霞客游记》。世传本有10卷、12卷、20卷等数种，主要按日记述作者1613—1639年间旅行观察所得，对地理、水文、地质、植物等现象，均做了详细记录，在地理学和文学上都有重要的价值。

   A 徐霞客是清朝人
   B《徐霞客游记》是一部著名小说
   C《徐霞客游记》是他晚年的著作
   D《徐霞客游记》记录了他旅行观察所得

21. 1970年，威廉·莎士比亚登上了英镑纸币。此后，纸币上相继迎来了大批文化名人。目前，英国人使用的20英镑纸币上印着的是英国著名经济学家亚当·斯密，这一点儿也不令人感到意外。不过，在未来的三到五年里，我们将看到市面流通的20英镑上出现某位艺术家的肖像。至于是谁，我们还不知道，但可以肯定的是，这位艺术家一定是非常受人受迎的，因为他（她）将从公众提名中产生。

   A 莎士比亚是第一位肖像被印在英镑上的文化名人
   B 亚当·斯密是英国一位著名的艺术家
   C 出现在新英镑上的艺术家人选已确定
   D 出现在新英镑上的艺术家由政府选出

22. 本书共选入郁达夫诗歌180余首、散文47篇。郁达夫的诗歌，绝大多数是旧体诗词，其中不乏优秀之作。这些旧体诗歌，雄浑瑰丽，佳句迭出，既闪烁着中国古典诗歌的神韵，又流动着新鲜浓烈的现代生活气息，为这位现代作家赢得了令人艳羡的显赫诗名。这在20世纪中国文学史上也是稀有的现象。

   A 本书是郁达夫的诗歌集
   B 郁达夫写的主要是现代诗
   C 郁达夫的诗在文学史上地位不高
   D 郁达夫的诗有传统的形式、现代的内容

第三部分

第 23–28 题：请选出正确答案。

23–25.

　　东晋时期有个叫王忱的人，他在少年时代就显露出才气，很受亲友的推崇。

　　他的舅父范宁，是当时著名的学者，对王忱也很器重，有著名文士拜访，他总让王忱到场接待。有一次，王忱去看望舅父，遇到了比他早出名的张玄。范宁要他俩交流交流。张玄早就听说王忱志趣不凡，很想与他交谈。他年龄比王忱要大，自然希望王忱先跟自己打招呼，就整理好衣服，端端正正地坐着等候。不料，王忱见张玄这等模样，也默默坐着，一言不发。张玄见他这样，自己又放不下架子，对坐了一会，闷闷不乐地离去了。事后，范宁责备王忱说："张玄是吴中的优秀人才，你为什么不好好与他谈谈？"王忱傲慢地回答说："他要是真心想和我来往，完全可以来找我谈嘛。"范宁听了这话，倒反而称赞起外甥来了："你这样才华出众，真是后起之秀。"王忱笑着回答说："没有您这样的舅父，哪来我这样的外甥？"

23. 范宁是王忱的：
    A 老师　　　　　　　　　　　　B 朋友
    C 舅舅　　　　　　　　　　　　D 外甥

24. 张玄为什么不主动跟王忱打招呼？
    A 他不认识王忱　　　　　　　　B 他的年龄比王忱大
    C 他看不起王忱　　　　　　　　D 他的衣服还没整理好

25. 范宁用"后起之秀"这个词来表示对王忱的：
    A 责备　　　　　　　　　　　　B 批评
    C 怀疑　　　　　　　　　　　　D 欣赏

26-28.

　　1926 年在厦门大学教书时，鲁迅先生曾到一家理发店理发。理发师不认识鲁迅，见他衣着简朴，就穿着一件旧长袍和一双旧布鞋，心想他肯定没几个钱。于是，理发师冷冰冰地叫鲁迅坐下，马马虎虎地给理了个发。对此，鲁迅不仅没有生气，反而在理完后极随意地掏出一大把钱给他，数也没数就出门离开了。理发师一点钱数，远远超出了应付的数额，不禁喜形于色。

　　过了一段日子，鲁迅又来到这家理发店。理发师一眼就认出了他，立即迎上去献殷勤。虽然鲁迅仍是上次那身打扮，但理发师拿出了全部看家本领，满脸写着谦恭，慢工细活地做，足足用了一个多小时，还不时敬烟递茶。不料理毕，鲁迅并没有再显豪爽，而是照价付款，一个子也没多给。

　　理发师觉得很奇怪："先生，您上回那样给，今天怎么这样给？"鲁迅笑笑："您上回给我乱剪，所以我也就乱给；这回您认认真真地理，我就规规矩矩地给了。"理发师听了大窘。

26. 第一次理发师态度为什么不好？
    A 他心情不好　　　　　　　　　B 他急着出门
    C 鲁迅穿得不像有钱人　　　　　D 鲁迅没给够钱

27. 第二次鲁迅先生为什么没有多给钱？
    A 他带的钱不够　　　　　　　　B 他觉得理得不好
    C 他没有抽烟喝茶　　　　　　　D 他要教训理发师

28. 第二次鲁迅付款以后，理发师非常：
    A 高兴　　　　　　　　　　　　B 不解
    C 生气　　　　　　　　　　　　D 平静

三、书 写

第一部分

第 29-31 题：完成句子。

例如：发表　这篇论文　什么时候　是　的

　　<u>这篇论文是什么时候发表的？</u>

29. 因为　而　他　戒了酒　胃病

30. 地道的　你　这　快尝尝　传统点心

31. 他　平均　要　招待一次客人　每两个星期

第二部分

第 32 题：写短文。

32. 请结合下列词语（要全部使用，顺序不分先后），写一篇 80 字左右的短文。

　　表现、大方、形象、作为、曾经

走近科学 4

一、听 力

第一部分 💿 10-1

第1–6题：请选出正确答案。

1. A 马比青蛙跳得远
   B 不着地时跑得快
   C 马的四蹄都不落地
   D 不会四蹄都不着地

2. A 饭馆
   B 公司
   C 机场
   D 火车站

3. A 曾经去过欧洲
   B 丈夫是摄影师
   C 喜欢摄影艺术
   D 做过婚礼主持

4. A 紧张不安
   B 非常生气
   C 感到自豪
   D 感到惭愧

5. A 电脑坏了
   B 工作很忙
   C 在学习电脑
   D 买了新电脑

6. A 学过英语
   B 爱看电视
   C 视力不好
   D 拍过电影

第二部分   💿 10-2

第7-14题：请选出正确答案。

7. **A** 得过很多奖

 B 儿子很喜欢

 C 一直不被肯定

 D 创作时间不长

8. **A** 头顶

 B 脖子

 C 鼻子

 D 嗓子

9. **A** 男的想扔掉

 B 磨出一个洞

 C 颜色变浅了

 D 吃饭时弄脏了

10. **A** 外公

 B 姑姑

 C 舅舅

 D 太太

11. **A** 爱好摄影

 B 不喜欢手机

 C 从事摄影工作

 D 受过专业培训

12. **A** 拿着太重

 B 使用复杂

 C 价钱太贵

 D 功能简单

13. **A** 坐电梯的

 B 上辅导班的

 C 室外活动的

 D 玩儿游戏机的

14. **A** 工作负担重

 B 家务做不完

 C 反对孩子玩儿

 D 孩子作业太多

二、阅 读

第一部分

第 15-18 题：请选出正确答案。

　　有一个制作眼镜的荷兰人，名叫汉斯·李普希。一天，他的孩子们悄悄溜进他工作的地方，去摆弄那些玻璃透镜。其中一个孩子拿起两片透镜　15　窗外望去。他非常吃惊地发现远处的教堂看上去竟然那么近、那么大，于是便叫父亲来看。父亲急忙跑来，　16　，就这样，汉斯的儿子　17　获得了一项重大发现。他发现如果把一个透镜贴近眼睛，而把另一个稍微远离眼睛，那么远处的物体看上去就会大一些近一些。时隔不久，一位名叫伽利略的意大利科学家听说了此项发现，于是立即着手用两片透镜制造出了望远镜。

　　自伽利略于 1609 年制造出第一个望远镜后，科学家们陆续制造出更大更好的望远镜。正是望远镜打开了　18　向天文世界的大门。有了它们，天文学家在太空中看得越来越远。

15. **A** 对　　　　**B** 朝　　　　**C** 从　　　　**D** 由
16. **A** 好奇地让儿子解释　　　　　　**B** 见此情景也非常吃惊
　　 C 把儿子严肃地批评了一顿　　　**D** 耐心地安慰着急的儿子
17. **A** 仍然　　　**B** 突然　　　**C** 果然　　　**D** 偶然
18. **A** 通　　　　**B** 飞　　　　**C** 冲　　　　**D** 去

第二部分

第 19-22 题：请选出与试题内容一致的一项。

19. 经过艰苦的试验，电影拍摄技术逐渐改进、成熟。1895 年 12 月 28 日，法国人卢米埃尔兄弟在巴黎第一次向公众播放了短片《火车到站》，这一天后来成为电影产生的纪念日，兄弟俩也成为历史上最早的电影导演。

    A《火车到站》深受观众好评
    B 最早的电影是在巴黎公映的
    C 卢米埃尔发明了电影拍摄技术
    D 1895 年 12 月 28 日举办了第一届电影节

20. 年画是中国一种古老的民间艺术，同时也是中国社会历史、生活、信仰和风俗的反映。每逢过农历新年人们都会买几张年画贴在家里，差不多每家都是如此，由大门到厅房，都贴满了各种花花绿绿、象征吉祥富贵的年画，新春之所以充满欢乐热闹的气氛，年画在这里起着不小的作用。

    A 年画主要贴在民居的大门上
    B 年画为新年增添了喜庆的气氛
    C 年画都用红纸剪成，象征着吉祥
    D 年画反映了中国农村的社会生活

21. 20 世纪 60 年代还没有电脑制作，动画制作全靠手中的一支画笔。一般来说，10 分钟的动画影片要画 7000 到 10000 张原动画，可以想见一部《大闹天宫》工程的巨大。整个原动画绘画阶段每天都在重复同样的工作，41 分钟的上集和 72 分钟的下集，仅绘制原动画就耗时近两年。

    A 仅靠手工绘制动画非常费时间
    B《大闹天宫》的原动画大约有 10000 张
    C 创作《大闹天宫》前后花费了近两年时间
    D《大闹天宫》的动画制作是利用电脑完成的

22. 茶叶的种类很多，乌龙茶就是其中特色鲜明的一种。据说它是因创造人为清代人苏乌龙而得名，又因色泽青褐而称"青茶"。它是一种部分发酵茶，既不同于不发酵的绿茶，也不同于全发酵的红茶，性质介于二者之间。因为发酵不充分，因此乌龙茶既具有绿茶清香甘鲜的特点，又具有红茶浓香芬芳的优点，可谓吸取两者长处于一身，一个"香"字，赢得了众多茶人的喜爱。

    A 青茶是乌龙茶中的一种
    B 绿茶是一种全发酵的茶
    C 红茶具有清香甘鲜的特点
    D 乌龙茶兼具绿茶和红茶的优点

第三部分

第 23–28 题：请选出正确答案。

23-25.

　　爱因斯坦出任荷兰莱顿大学特邀教授时，给学生讲的第一堂课是：成功的秘诀。

　　爱因斯坦拿着一个盒子走上讲台，从盒子里拿出一块又一块骨牌，在桌子上像搭积木一样地搭起来，搭到二十几块时，骨牌哗啦倒了，他不紧不慢地捡起来接着搭。当爱因斯坦搭到四五次时，平静的礼堂开始骚动。但爱因斯坦依然慢条斯理地搭了倒、倒了再搭……

　　30 分钟过去了，学生们开始纷纷离去。也有学生帮爱因斯坦搭，这时他们发现，盒子里大约有 50 块骨牌，他们搭起不到 40 块就倒了。学生又一个个离去，只剩一名学生仍然固执地搭。又过了一个小时，那个学生终于将 50 块骨牌全部搭了起来。

　　爱因斯坦高兴地开口了："祝贺你成功了，有什么感想吗？"学生思考了一下，说："每搭一次，都有新的发现。"原来，他在搭时，发现有的骨牌略带磁性，能吸在一起，他就把带磁性的骨牌都搭在下面。倒了再搭时，他又发现骨牌轻重不一，他又把重的搭在下面，就这样反复几次，便全部搭了起来。

　　爱因斯坦说："成功就是不断发现问题解决问题的过程，同时还要有足够的耐心去做，所以成功的秘诀就是：简单的事情重复做。"

　　那位搭骨牌的学生就是后来爱因斯坦的同事，美国著名物理学家、思想家和教育家——惠勒。

23. 爱因斯坦讲第一堂课时：
   A 用骨牌盖房子　　　　　　　　B 在桌子上搭骨牌
   C 和学生们玩儿骨牌　　　　　　D 讲骨牌的游戏规则

24. 根据本文，30 分钟后，发生了什么情况？
   A 学生把他赶出教室　　　　　　B 学生们吵着要下课
   C 有人搭起了全部骨牌　　　　　D 学生陆续离开教室

25. 爱因斯坦搭骨牌是想告诉学生成功的秘诀是：
   A 要仔细观察事物　　　　　　　B 简单的事情重复做
   C 要善于发现问题　　　　　　　D 耐心听别人的建议

26-28.

　　茅膏菜是一种外表漂亮的矮小植物，它们看上去那么小，似乎没有什么伤害力。它的叶子的边缘布满细小的绒毛，这些绒毛上沾着液体，看上去闪闪发亮。对昆虫而言，这种植物看上去像不错的食物。可是一旦昆虫降落在它的叶片上，叶边绒毛上的液体就会使其不能动弹。于是，茅膏菜就用自己的枝叶把昆虫包裹起来，继而吃掉它们。

　　很多年前，英国生物学家达尔文对这种茅膏菜很感兴趣。他很想知道这种植物除了昆虫是否还猎食其他的食物。于是他放了一些细小的烧羊肉在黏黏的叶子上，这种植物居然狼吞虎咽地把它们一扫而光。接着，达尔文试着把少量牛奶、鸡蛋和其他细小的食物放到叶子上，茅膏草对它们甚是喜爱，竟然来者不拒，统统吃光。

　　食肉植物有很多种，茅膏菜只是其中的一种。这些食肉植物捕捉昆虫的方法各异。有些像茅膏菜一样，用它们细小的绒毛粘住猎物。有的则像猪笼草那样，用自身鲜亮的颜色吸引昆虫。当昆虫降落到猪笼草色彩鲜丽的花瓣上时，昆虫就会自行掉下去，然后滑进光滑的植物内部。猪笼草的底部是一个盛满液体的池子，其中的液体含有特殊的化学物质，能把昆虫分解成植物所需的营养。

　　狸藻类植物也是一种食肉植物，它们大部分生长在水中。这种植物的侧面都有一个活动的盖，当昆虫靠近狸藻的细小绒毛时，它的活盖板门就会打开，这样昆虫就会掉进去。

　　还有一种植物收集雨水，当昆虫前来喝水时，它们就不能逃开了。原因是这种植物上布满粉末，一旦昆虫沾上这些粉末就动弹不得。一位名叫德兰·菲什的科学家在一个花园的栅栏边放了四株这种植物，你知道吗？在短短八天的时间内，这四株植物竟然捕捉了136只昆虫！

26. 本文主要介绍的是：
　　A 茅膏菜　　　　　　　　　　B 猪笼草
　　C 食肉植物　　　　　　　　　D 狸藻类植物

27. 达尔文观察后，发现茅膏草：
　　A 只对昆虫感兴趣　　　　　　B 特别喜欢烧羊肉
　　C 任何肉食都爱吃　　　　　　D 不吃牛奶、鸡蛋

26. 德兰·菲什研究的植物靠什么捕食昆虫？
　　A 粉末　　　　　　　　　　　B 活盖板门
　　C 绒毛　　　　　　　　　　　D 底部的池子

三、书 写

第一部分

第 29-31 题：完成句子。

例如：发表　　这篇论文　　什么时候　　是　　的

　　　这篇论文是什么时候发表的？

29. 由此　　或许　　将　　走向精彩　　你的人生

30. 都是　　进行的　　整个讨论　　围绕　　去留问题

31. 始终表现　　很稳定　　得　　这位　　年轻人

第二部分

第 32 题：写短文。

32. 请结合下列词语（要全部使用，顺序不分先后），写一篇 80 字左右的短文。

　　争论、差距、成熟、逐渐、改进

闹钟的危害

一、听 力

第1–6题：请选出正确答案。

1. **A** 女的来早了

   B 男的迟到了

   C 女的让男的快来

   D 男的记错时间了

2. **A** 今天不去单位

   B 昨天去上海了

   C 不用去开会了

   D 上班迟到了

3. **A** 改天进行

   B 照常训练

   C 改在室内

   D 被迫取消

4. **A** 刚开始戒

   B 一直想戒

   C 有点儿犹豫

   D 成功戒掉了

5. **A** 安装电脑

   B 出去散步

   C 运动健身

   D 看电视剧

6. **A** 需要维修

   B 没有插电

   C 需要保养

   D 没有问题

第二部分 11-2

第7-14题：请选出正确答案。

7. **A** 枕头不合适

   B 精神压力大

   C 忘了喝牛奶

   D 头疼得厉害

8. **A** 翅膀太小

   B 胸骨太平

   C 羽毛不丰满

   D 肌肉不发达

9. **A** 智能手机太贵

   B 用不惯智能机

   C 只需接打电话

   D 几天才需充电

10. **A** 去外地出差

    B 去参加校庆

    C 去看望老师

    D 去参观摄影展

11. **A** 邻居

    B 朋友

    C 夫妻

    D 师生

12. **A** 各大厂家都有参展

    B 主要展出新能源车

    C 展览门票免费赠送

    D 政府给了许多优惠

13. **A** 导致孩子肥胖

    B 让孩子爱发脾气

    C 导致孩子视力下降

    D 使孩子注意力不集中

14. **A** 课外兴趣班的危害

    B 造成肥胖的主要原因

    C 如何提高学习积极性

    D 保证孩子睡眠很重要

二、阅 读

第一部分

第15-18题：请选出正确答案。

　　北京的胡同经历数百年的风雨，是老北京人生活的___15___，今天仍居住着市区内三分之一的人口。胡同内的居民们仍保留着许多旧有的生活方式。

　　有人说，北京的胡同就像卢沟桥的狮子，___16___数也数不清。北京的胡同密如蛛网，四通八达，___17___在城市的每个角落，不要说外国人、外地人初到北京要找条胡同很困难，就是北京人也不见得一问就能说得清楚，___18___，对那个地方很熟悉。因此，在北京走街串巷，进行胡同游，是很有意思的一件事情，就如同进了一座巨大迷宫。

15. **A** 象征　　　**B** 标记　　　**C** 反映　　　**D** 表现
16. **A** 必然　　　**B** 反而　　　**C** 似乎　　　**D** 从而
17. **A** 分布　　　**B** 分配　　　**C** 位于　　　**D** 充满
18. **A** 既然他已经来过　　　　**B** 虽然他去过很多次
　　 C 除非他就住在那里　　　**D** 即使你听别人介绍过

第二部分

第 19-22 题：请选出与试题内容一致的一项。

19. 如果突然被闹钟叫醒，将在心理上使人产生心慌、情绪低落、感觉没睡醒等不适。如果是从深度睡眠中被突然叫醒，那么，人的短期记忆能力、计算技能都会受到影响，这些能力最多为正常状态的 65%，与醉酒者相当。

    A 闹钟会影响人的睡眠质量
    B 熟睡时被闹钟吵醒人会心慌
    C 深度睡眠时人的记忆能力下降
    D 被闹钟叫醒时感觉像喝醉一样

20. 流行不仅仅是一个概念。以前以为流行仅仅是电视中模特的展示，现在却能实实在在感觉到它充满我们的生活，影响我们的穿着。不管是流行主导我们，还是消费决定流行，对我们来说，如果不能避免它，就主动去接受它。

    A 现在，流行能影响我们的现实生活
    B 过去，我们对流行存在着很多误解
    C 越流行的东西大家越愿意消费
    D 电视模特的工作常常不被接受

21. 有些孩子爱静，有的孩子好动，从拿起笔和纸的一刻起就表现不同，文静的孩子会安心认真地作画，好动的则会在纸上重重地乱划，随后把纸揉作一团或把纸撕碎。

    A 爱静的孩子比较适合画画儿
    B 好动的孩子一般都讨厌画画儿
    C 爱静的孩子比好动的孩子有想象力
    D 画画儿时的表现反映出孩子的性格

22. 机器人技术作为 20 世纪人类最伟大的发明之一，从 60 年代初问世以来，经历五十多年的发展已取得长足的进步。在制造业中，工业机器人甚至已成为不可缺少的核心装备，世界上有近百万台工业机器人正与工人朋友并肩战斗在各条战线上。机器人的出现是社会经济发展的必然，它的高速发展提高了社会的生产水平和人类的生活质量。

    A 机器人是 20 世纪 50 年代发明的
    B 机器人现在被广泛应用于战争
    C 机器人将来必然会代替工人
    D 机器人的发展提高了生产、生活水平

第三部分

第23–28题：请选出正确答案。

23-25.

在距离现在一千七百多年前，中国处于魏、蜀、吴三强鼎立的三国时代。

有一天，吴国的孙权送给魏国的曹操一只大象，长久居住在中原的曹操从来没有见过这种庞然大物，好奇地想知道这个大怪物到底有多重？于是，他问大臣们："谁有办法把这只大象称一称？"在场的人七嘴八舌地讨论着。有人回家搬出特制的秤，但大象实在太大了，一站上去，就把秤踩扁了；有人提议把大象一块一块地切下分开称，再算算看加起来有多重，可是大家觉得这样太残忍了，而且曹操喜欢大象的可爱模样，不希望为了称重失去它。就在大家束手无策正想要放弃的时候，曹操七岁的儿子曹冲，突然开口说："我知道怎么称了！"他

请大家把大象赶到一条船上，看船身沉入水中多少，在船身上做了一个记号。然后又请大家把大象赶回岸上，把一筐筐的石头搬上船去，直到船下沉到刚刚画的那一条线上为止。接着，他请大家把在船上的石头逐一称过，全部加起来就是大象的重量了！

现代的科技非常发达，我们已经发明出许多称重的工具，不需要再大费周折地一筐筐地搬石头了。但在一千七百多年前的时代，曹冲的方法的确很聪明。

23. 关于那只大象，从文中可以知道：
    A 令曹操感到非常害怕　　　　　　B 是魏国从吴国抢来的
    C 是魏国本地没有的动物　　　　　D 很难长久在中原生活

24. 关于大臣们想到的办法，下列哪项正确？
    A 根本办不到　　　　　　　　　　B 计算不准确
    C 会杀死大象　　　　　　　　　　D 曹操很满意

25. 曹冲想出的方法：
    A 现在显得很麻烦　　　　　　　　B 是唯一的办法
    C 需要把象赶下河　　　　　　　　D 需要一筐石头

26-28.

　　我们到底该工作多长时间——一般情况下，我问到的每一个人都会引证一些道理说服我，这个时间接近每天八小时。数据似乎也证实了这一点：美国人平均每天工作 8.8 小时。至少，这是来自美国劳动统计局的官方数据。

　　我们最开始为什么要一天工作八小时呢？

　　让我们从现有的工作制度开始。典型的工作日一天大约都是八小时。可我们是怎么提出这样的方案的？答案隐藏在工业革命的浪潮之中。

　　18 世纪后期，当公司开始最大化提高工厂产量时，让工厂一周七天、一天 24 小时运转不停成了关键。当然，为了提高效率，人们就得工作得更多。实际上，那个时候一天工作 10 至 16 小时很正常。

　　如此超长的工作时间并没有一直持续下去，因为很快，一个名叫罗伯特·欧文的人勇敢地发起了一场运动，呼吁人们每天的工作时间不应超过八小时。他的口号就是"八小时工作，八小时娱乐，八小时睡觉"。

　　最早引进这种工作制度的是福特汽车公司。1914 年，福特公司不仅将标准的工作时长改为八小时，并且将工人们的工资翻了一番。让许多公司吃惊的是，随着工作小时数的减少，同样的工人，他们的生产力却大幅度地提高了。而两年间福特公司利润的增长幅度也极为巨大。这就促使其他公司也采用这种更短的八小时工作制作为员工的工作标准。

　　所以就是这样，这就是我们每天工作八小时的原因。并不是什么科学或者其他的缘由，仅仅只是一个世纪以来为了提高工厂效率而采用的古老标准。

26. 根据上文，对八小时工作制，大多数人是什么态度？
　　A 怀疑　　　　　　　　　　　B 认可
　　C 反对　　　　　　　　　　　D 欢迎

27. 根据上文，福特公司采用八小时工作制后：
　　A 生产力提高了　　　　　　　B 工人工资未变
　　C 企业利润下降了　　　　　　D 公司增加了员工

28. 关于八小时工作时长这一标准，作者认为：
　　A 是欧文最先采用的　　　　　B 是经过科学验证的
　　C 得到政府部门的推广　　　　D 出于提高效率的目的

三、书 写

第一部分

第 29-31 题：完成句子。

例如：发表　　这篇论文　　什么时候　　是　　的

　　<u>这篇论文是什么时候发表的?</u>

29. 脚步　　享受生活　　为了　　是　　放慢

30. 是　　很　　人偶尔　　正常的　　情绪低落

31. 一般　　都　　持续的时间　　雷阵雨　　较短

第二部分

第 32 题：写短文。

32. 请结合下列词语（要全部使用，顺序不分先后），写一篇 80 字左右的短文。

　　失眠、精神、危害、规律、避免

一、听 力

第一部分　　12-1

第1–6题：请选出正确答案。

1. **A** 取得了冠军

   B 输掉了比赛

   C 有很大优势

   D 踢得很艰苦

2. **A** 修理电脑

   B 买打印机

   C 整理数据线

   D 连接打印机

3. **A** 太高了

   B 太低了

   C 不好固定

   D 坐着舒服

4. **A** 重新安装

   B 杀一下毒

   C 升级软件

   D 修改程序

5. **A** 浏览网页

   B 查看邮箱

   C 检查报告

   D 修改文件

6. **A** 减轻电脑重量

   B 延长电池寿命

   C 提高处理速度

   D 避免浪费电量

第二部分　　🖸 12-2

第7-14题：请选出正确答案。

7. A 显示器太占地方
   B 处理速度太慢了
   C 存储空间太小
   D 可能中了病毒

8. A 整理邮件
   B 加联系人
   C 安装程序
   D 下载软件

9. A 安装软件
   B 拍签证照
   C 填报名表
   D 修改照片

10. A 查杀病毒
    B 软件升级
    C 检查邮件
    D 重装系统

11. A 耳机坏了
    B 没有声音
    C 中了病毒
    D 硬件坏了

12. A 上门维修
    B 退换电脑
    C 更换耳机
    D 重装程序

13. A 非常狡猾
    B 画得很像
    C 水平很差
    D 非常谦虚

14. A 收了画家钱
    B 怕总统丢脸
    C 不太懂画儿
    D 画家名气大

二、阅读

第一部分

第 15-18 题：请选出正确答案。

　　最近，科学家们利用植物光合作用的原理，发明了一种人造叶子，它只有一张扑克牌大小，用硅原料制造，内含电子和催化剂。___15___，只要将这样的叶子放入约 3.8 升清水中，再放到太阳光下，叶子当中的催化剂就会将水分解成为氢和氧两种元素。而将这些氢气和氧气存入电池当中转化成的电能，可以满足一个家庭一天的用电需求。这项技术目前还处于科研阶段，还远未达到商业___16___的程度，但已有一些企业对其未来的大规模___17___表示出很大的兴趣。也许在不久的将来，只需要这样一片小叶子，每一个家庭都可以___18___电力的自给自足了。

15. **A** 毫无疑问　　　　**B** 可别小看它
　　 C 显而易见　　　　**D** 说起来也巧
16. **A** 宣传　　　**B** 扩大　　　**C** 开发　　　**D** 推广
17. **A** 应用　　　**B** 作用　　　**C** 运用　　　**D** 注册
18. **A** 提供　　　**B** 现实　　　**C** 实现　　　**D** 产生

第二部分

第 19-22 题：请选出与试题内容一致的一项。

19. 享受生活网是生活服务类网站，内容包括了生活小常识、生活小窍门、低碳生活、当今精品生活服务、最火商品、最好网络游戏等，推荐生活服务信息，是中国一家专业的生活服务网站。

    A 享受生活网是一家游戏网站
    B 享受生活网是一家购物网站
    C 网站主要提供健康咨询的服务
    D 网站主要提供生活相关的服务

20. 研究证实，三成的肥胖男孩和四成的肥胖女孩其胖的状态很可能会延续到青春期，甚至持续到成年期。在未成年前，年龄越大肥胖状态越容易持续至成年。与中学阶段相比，小学阶段的肥胖状态还不稳定，可逆性高，如果应对措施积极有效，大部分"小胖墩"可以避免进一步发展为成年肥胖。

    A 男孩的肥胖比女孩更有可能持续
    B 儿童肥胖很可能会持续到成年期
    C 小学生的肥胖不会发展到成年期
    D 中学时期采取减肥措施最有效

21. 海水本身与我们日常所接触到的水没有多大分别，也是透明的。我们所看到的绿色，其实与海水对光的吸收能力有关。水较浅时，只有绿光能被海水吸收，从而反射出来；当海水变深时，蓝光也被吸收，海水看上去便成了蓝色。

    A 海水的颜色随时间而变化
    B 海水一般反射天空的蓝色
    C 水浅的海面看上去是绿色的
    D 水深的海面看上去是透明的

22. 北京的天坛公园里，有一道圆形的墙，墙面砌得十分整齐光滑，称为回音壁。它的奇妙之处是，两个人分别站在回音壁前的不同位置，一个人斜对墙壁轻声说话，另一个人把耳朵贴在墙上听，即使对方说话声音很小，或者离得很远，也都可以听得清清楚楚。这正是古代建筑工人利用声音反射的原理实现的。

    A 天坛公园外的围墙非常光滑
    B 声音被墙壁反射到听者耳中
    C 站对位置才听得到对方的话
    D 贴着墙轻声说，对方才能听到

第三部分

第 23-28 题：请选出正确答案。

23-25.

很多人认为肥胖就是营养过剩。这种把肥胖形成的原因完全归结为营养过剩的说法并不科学，实际上肥胖是一种营养不均衡的状态。所谓不均衡，就是有些物质过剩，有些物质缺乏。如：脂肪、碳水化合物和蛋白质三大产能营养素摄入过多，特别是脂肪和碳水化合物，而维生素、矿物质和膳食纤维摄入不足，甚至缺乏。所以说，肥胖不等于营养过剩，其实营养不均衡和热量过剩才是肥胖的根本原因。一方面，肥胖人群吃的热能过高，超过了生长发育和日常活动所需，多余的热量在体内转变成脂肪储存起来；另一方面，维生素、矿物质和膳食纤维的摄入却仍然不够。

全面而均衡的营养是人体健康的基本保障，肉、蛋、粮食、蔬菜、水果、奶和油脂等食物，各有不同的营养价值，都是我们人体所需要的，不能互相代替。互相搭配、合理膳食才能保证我们所摄入的营养全面、均衡，这是人类健康的基础。

23. 根据上文，下列哪种说法正确？
    A 食物不能互相代替   **B** 碳水化合物最易过剩
    C 脂肪容易被人体吸收   **D** 肥胖的人常缺少运动

24. 本文认为肥胖的根本原因包括下列哪项？
    A 营养过剩   **B** 食物单一
    C 营养不均衡   **D** 缺乏维生素

25. 作者认为下列哪项能使我们做到营养全面、均衡？
    A 多吃蔬菜   **B** 饮食规律
    C 拒绝垃圾食品   **D** 注意食物搭配

26-28.

　　一天，一个年轻人登门求见美国大作家马克·吐温。来访者胳膊底下夹着一个怪模怪样的东西。原来，年轻人发明了一种新机器，需要资金来做宣传和大批生产这种机器。

　　马克·吐温年轻时极其热爱发明创造，他一生在各种新产品、新发明上投资多达50多万美元。但那些项目没有一个成功，所有投资都打了水漂。后来，马克·吐温心灰意冷，发誓再也不在"新奇玩意儿"上浪费金钱了。

　　因此，一见到这位年轻的来访者，马克·吐温马上抱歉地说自己有过无数次投资失败的教训，不打算再冒任何风险了。

　　"我并不指望巨额投资，"年轻人说，"只要500美元，您就可以拥有一大笔股份。"想起自己刚发过的誓言，马克·吐温还是摇了摇头，失望的年轻人只好起身告辞。看着他的背影，大作家不由心头一动。"嘿！"马克·吐温在客人身后叫了一声。话一出口，他立刻为自己的不坚定感到惭愧。为了掩饰，他马上改口说："……你刚才说你叫什么来着？"

　　"贝尔，"年轻人回答，"亚历山大·格拉汉姆·贝尔。"

　　"再见，贝尔！祝你好运！"马克·吐温关上了房门，心想："谢天谢地，我总算坚持住了，没向贝尔投资。"

　　今天我们知道，年轻的贝尔胳膊下夹着的"新鲜玩意儿"叫电话。所有给这个新产品投资的人，日后都成了百万富翁。可见，并不是所有的"坚持"都会有好的结果——因为后一种"坚持"，马克·吐温与机会失之交臂。

26. 年轻人找马克·吐温是想：
　　A 求得他的签名　　　　　　　　B 购买他的作品
　　C 请他进行投资　　　　　　　　D 向他借一笔钱

27. 关于马克·吐温，从文中可知：
　　A 喜欢总结失败教训　　　　　　B 发明了许多新产品
　　C 多次投资都没成功　　　　　　D 很想给年轻人投资

28. 本文主要想告诉我们：
　　A 只有坚持才能成功　　　　　　B 坚持的未必正确
　　C 机会面前一定要坚持　　　　　D 坚持最需要耐心

三、书 写

第一部分

第 29-31 题：完成句子。

例如：发表　　这篇论文　　什么时候　　是　　的

　　这篇论文是什么时候发表的？

29. 我曾经　　一项　　做过　　调查　　针对留学生

30. 我　　请给　　一次　　的机会　　实现愿望

31. 用筷子　　盘子　　你不要　　以及桌面　　敲打碗

第二部分

第 32 题：写短文。

32. 请结合下列词语（要全部使用，顺序不分先后），写一篇 80 字左右的短文。

　　明星、推广、宣传、销售、经营

放眼世界

5

锯掉生活的"筐底"

一、听力

第一部分 💿 *13-1*

第1—6题：请选出正确答案。

1. **A** 他不觉得费劲

   B 他觉得不麻烦

   C 他可以自己做

   D 感谢女的帮助他

2. **A** 反对

   B 接受

   C 同意

   D 好奇

3. **A** 摔了一跤

   B 用力不当

   C 锻炼太多

   D 被车撞了

4. **A** 赢了

   B 输了

   C 平了

   D 不清楚

5. **A** 女的的事不严重

   B 他没有接到电话

   C 他很重视这件事

   D 因为他打不到车

6. **A** 你去把他叫出来

   B 你最好先别进去

   C 看来他们谈得很愉快

   D 我可以给他打个电话

第二部分　　💿 13-2

第7-14题：请选出正确答案。

7. **A** 篮球

   B 篮筐

   C 小孩

   D 思维

8. **A** 水平高

   B 运气好

   C 技术强

   D 情绪稳定

9. **A** 压力大

   B 失恋了

   C 精神差

   D 有情绪

10. **A** 继续吃药

    B 恢复训练

    C 回来住院

    D 继续休息

11. **A** 身体健康

    B 心理放松

    C 游泳技术很好

    D 接受潜水训练

12. **A** 没有规定

    B 必须是青少年

    C 10 岁以下不可以潜水

    D 老年人要提供体检证明

13. **A** 足球

    B 网球

    C 篮球

    D 排球

14. **A** 起源于法国

    B 在欧美很流行

    C 有团体赛和单项赛

    D 选手多数是业余的

二、阅 读

第一部分

第 15-18 题：请选出正确答案。

　　一个___15___的夜晚，大理石地板对立在它上面的英雄雕像说："___16___，你多么风光幸福，人们经过你的时候，都在你面前尊敬地献礼，而同样是大理石的我，却被___17___在脚下，默默无闻。"雕像说："世界是公平的。当初你受不了工匠的雕刻，所以就只能做一块地板，现在又___18___叫苦呢？"

15. **A** 安静　　　**B** 冷静　　　**C** 悄悄　　　**D** 偷偷
16. **A** 观察　　　**B** 盼望　　　**C** 瞧瞧　　　**D** 注意
17. **A** 摆　　　　**B** 踩　　　　**C** 蹲　　　　**D** 甩
18. **A** 如何　　　**B** 多亏　　　**C** 何况　　　**D** 何必

第二部分

第 19–22 题：请选出与试题内容一致的一项。

19. 篮球运动是 1891 年由美国马萨诸塞州的体育教师詹姆士·奈史密斯博士发明的。最初的篮筐下面有底，每当投进球时，就得有一个人踩着梯子上去把球取出来。因此，比赛断断续续，缺少了激烈紧张的气氛。后来，在一个上幼儿园的小男孩的提醒下，人们才想到锯掉篮筐的底部，成为我们今天看到的样子。

   A 篮球的发明者是英国人
   B 开始篮球运动水平不高
   C 上梯子的人是为了站高一点儿
   D 问题的解决是受小朋友的启发

20. 说到乒乓球，很多人马上会想到中国。的确，长期以来，中国的乒乓球水平一直是世界领先。因此，人们常会误以为乒乓球运动最早是从中国开始的。而事实上，这项运动在中国只有 70 多年的历史，它真正的发源地在英国。19 世纪末，英国人吃完饭后想用适当的运动来帮助消化，便发明了一种在饭桌上进行的和网球相似的运动。直到今天，乒乓球的英文名仍然叫作"桌上网球"。

   A 中国人的乒乓球水平都很高
   B 乒乓球运动是从中国开始的
   C 最早的乒乓球运动是在饭后进行
   D 乒乓球运动最早是在网球场进行的

21. 作为球迷，莫言十分关注中国足球的发展，他认为，中国球队打进世界杯需要一个漫长的过程，因为中国足球的起步比较晚，目前还不够普及。"为什么乒乓球能够出现这么多高手，就在于它有强大的群众基础，有些偏远山区的孩子可能一辈子都踢不上足球。"莫言提议，首先要让中国的孩子们都踢上足球，参加的人多了，高手自然会出现。

   A 莫言是一个足球迷
   B 莫言认为中国很快能打进世界杯
   C 偏远山区有较好的足球运动环境
   D 是否有运动高手与群众基础无关

22. 避免运动过量的办法很简单，就是要控制时间。对于所有运动，一般持续时间最好不要超过一小时。在进行重复性的激烈运动时，应千万小心，例如蹲起等，一定要保持正确的姿势，避免受伤。在运动时最好能够向老师或教练求教，请他们告诉你如何调整动作。

   A 运动时间不应少于一个小时
   B 不能进行重复性的激烈运动
   C 运动姿势不正确时容易受伤
   D 运动时应注意不断调整动作

第三部分

第 23-28 题：请选出正确答案。

23-25.

　　高尔夫球原本是一项贵族运动，深受上层人士的欢迎。数年前，日本、泰国、马来西亚、韩国等国家出现了可怕的"高尔夫球热"。例如日本，打高尔夫球的人据说占到世界高尔夫爱好者人数的三分之一。他们不仅在国内打，还包租飞机到其他国家去打。即使本国已有大大小小的高尔夫球场 7000 多个，仍然不能满足他们的需求。

　　高尔夫球在流行的同时，也遭到一些人的反对。建一个高尔夫球场，要砍掉许多树木，占地一般超过千亩，相当于建可供数万人使用的上百个足球场，而一个高尔夫球场只能给十几个人打球。另外，为了维护场内的草地，每天都需要大量的水。因此，很多人认为高尔夫运动对大自然的破坏和对环境资源的浪费不容低估。

　　受环保呼声和经济发展状况等的影响，高尔夫也经历了一段艰难时光。直到 21 世纪初期，这项运动才逐渐复兴。到了今天，高尔夫开始重新焕发新的青春活力，而且这项运动已经脱下了过去专属于精英男士们的高端运动的外衣。不只是包里有钱的老头子们，年轻人，包括女子也纷纷拿起球杆结队出行。

23. 文中提到的出现了"高尔夫球热"的国家不包括：
    A 日本　　　　　　　　　　　　B 中国
    C 泰国　　　　　　　　　　　　D 韩国

24. 一些人反对建高尔夫球场的理由不包括：
    A 破坏大自然　　　　　　　　　B 浪费环境资源
    C 利用率太低　　　　　　　　　D 消费太高

25. 现在打高尔夫球的人出现了什么变化?
    A 从平民发展到贵族　　　　　　B 从普通人发展到精英
    C 从老人发展到年轻人　　　　　D 从女士发展到男士

26-28.

在人类历史发展的长河中，奥林匹克运动可以称得上是一个历史最为悠久的社会文化现象。奥运的起源有文字记载的历史可以追溯到公元前776年。但在此以前，古奥运会可能已经存在了几个世纪。古代奥运会起源于古希腊，因举办地点在奥林匹克而得名。运动会每隔1417天即4年举行一届，后来人们将这一周期称为"奥林匹克周期"。

随着近代体育的兴起，人们开始希望恢复奥运会。在1859—1889年，希腊曾举办过4届运动会，做了初步尝试。自1883年开始，法国人顾拜旦——后来他被誉为现代奥运的创始人——致力于古代奥运会的复兴。经他与其他人的努力，国际奥林匹克委员会于1894年6月23日成立。1896年4月6—15日，第一届现代奥运会在希腊的雅典举行。顾拜旦制订的第一部奥林匹克宪章强调了奥林匹克运动的业余性，规定在奥运会上只授予优胜者荣誉奖，不得以任何形式发给运动员金钱或其他物质奖励。

说到第一届现代奥运会的举行时间，还有一段有趣的小插曲：在1894年法国巴黎召开的国际体育会议上，顾拜旦建议第一届奥运会在20世纪第一年即1900年举行，地点定在法国巴黎，因为这一年巴黎也将举行世界博览会，奥运会与博览会同时举行，气氛会更加隆重和热烈。但是由德梅特里乌斯·维凯拉斯（后被选为国际奥委会第一任主席）率领的希腊体育代表团则强烈希望首届奥运会在希腊举行。与会代表们考虑到希腊是奥运会的发源地，首届奥运会在这里举行更有意义，最后还是把地点选在了雅典。不过为了满足顾拜旦的愿望，他们决定把时间提前四年，即于1896年举行，以便1900年能在巴黎举行第二届奥运会。这样一来，可谓皆大欢喜。

26. 国际奥林匹克委员会成立于：
    A 1883 年   B 1894 年
    C 1896 年   D 1900 年

27. 第一届现代奥运会的举办地点是：
    A 法国巴黎   B 奥林匹克
    C 希腊雅典   D 英国伦敦

28. 顾拜旦建议在法国巴黎举办第一届现代奥运会的理由是：
    A 在这里举行更有意义   B 这里是奥运会的发源地
    C 可以满足法国人的愿望   D 同年这里将举行世界博览会

三、书 写

第一部分

第 29-31 题：完成句子。

例如：发表　　这篇论文　　什么时候　　是　　的

　　　这篇论文是什么时候发表的？

29. 我们的　　运动项目　　缺乏　　在室内进行的　　训练学校

30. 影响了　　的　　暂停行为　　一再重复　　比赛的气氛

31. 受　　宣传推广活动　　这次的　　是　　他们公司的启发

第二部分

第 32 题：写短文。

32. 请结合下列词语（要全部使用，顺序不分先后），写一篇 80 字左右的短文。

　　训练、重复、缺乏、造成、何况

14 北京的四合院

一、听 力

第1-6题：请选出正确答案。

1. A 花
   B 草
   C 竹
   D 鱼

2. A 男的的家乡
   B 女的的家乡
   C 旅游目的地
   D 男的的家

3. A 看法
   B 价格
   C 形式
   D 功能

4. A 历史不长
   B 风格多样
   C 规模很大
   D 被破坏了

5. A 看不起
   B 受不了
   C 舍不得
   D 忍不住

6. A 我可以帮你
   B 都有第一次
   C 这个团不重要
   D 他们明天才过来

第二部分　🔵 14-2

第 7-14 题：请选出正确答案。

7. **A** 他出差了

   B 他去旅行了

   C 这些小吃很贵

   D 他对济南印象很好

8. **A** 功能

   B 价格

   C 样式

   D 装修

9. **A** 住平房更方便

   B 新房条件不好

   C 跟邻居间有矛盾

   D 希望邻里关系好

10. **A** 用手制作产品

    B 打下很大市场

    C 没有经济支持

    D 创造一个奇迹

11. **A** 西北

    B 华南

    C 华北

    D 东南

12. **A** 房屋围在一起

    B 四面都有房屋

    C 只有一个院子

    D 是一种建筑群

13. **A** 北京缺少才子

    B 北京没什么风景

    C 北京人不爱写文章

    D 外地人容易发现新奇的东西

14. **A** 以前北京的建筑物很少

    B 在北京的外地人都是江南人

    C 北京人一辈子都不愿意离开家乡

    D 北京在明清时期已经是中国的首都

二、阅 读

第一部分

第 15-18 题：请选出正确答案。

钱钟书先生初到清华时在外文系授课，有时在家批阅学生的试卷，让女儿钱瑗帮助记成绩。一次，钱瑗没头没脑地对爸爸说："英若诚跟吴世良要好，他们是朋友。"钱先生说："你怎么知道？"钱瑗指指课卷："是墨水__15__出来的：你看，全班学生的课卷都是用蓝墨水写的，只有他俩用的紫墨水。"

__16__，英若诚和吴世良同是戏剧爱好者，同是清华骆驼剧团的演员，共同主演过俄罗斯拉夫列尼约夫的小说改编的戏剧《第四十一》，英若诚演被俘的白俄军官，吴世良__17__演押送他的红军女战士。两人从清华毕业后，一起去了北京人民艺术剧院，结为夫妻，相濡以沫、风雨同舟地过了__18__。

15. **A** 告诉   **B** 说明   **C** 显示   **D** 显得

16. **A** 她猜得没错   **B** 他们都知道
      C 事情并不是这样   **D** 没有想到的是

17. **A** 而   **B** 却   **C** 倒   **D** 则

18. **A** 一会儿   **B** 一辈子   **C** 一下子   **D** 一阵子

第二部分

第 19-22 题：请选出与试题内容一致的一项。

19. 四合院的大门一般开在东南角或西北角，院中的北房是正房，比其他房屋的规模大，一般包括长辈的卧室和具备日常起居、接待客人等功能的客厅。院子的两边是东西厢房，是晚辈们生活的地方。在正房和厢房之间建有走廊，可以供人行走和休息。

　　A 四合院的大门一般在南面
　　B 正房和厢房之间是不相通的
　　C 东西厢房一般包括卧室和客厅
　　D 通常长辈住北房，晚辈住东西厢房

20. 中国正在步入老龄化国家的行列，因此，"银发住宅"的设计成为市场关注的新热点。为了适应目前和未来中国家庭"421"的基本结构，银发住宅应设计得既便于老人与子女孙辈团聚，居住空间又相对独立。

　　A "421"家庭包括祖孙三代
　　B "银发住宅"必须让老人和孩子住在一起
　　C "银发住宅"主要是为中年人设计的住宅
　　D "银发住宅"出现的主要原因是中国社会的年轻化

21. 人们常用"诗情画意"四个字来形容中国的传统园林。这个评价有两层意思：一是说园林中的风景自然如画，二是说园林的设计体现了诗歌一般的情感。这确实说明了古代园林与山水诗、山水画的共同之处，它们都以表现自然美为主题，与西方几何规则式园林有明显的区别。

　　A 中国古代园林的设计者都是诗人
　　B 中国很多园林是根据山水画设计的
　　C 中国古代园林非常注重表现自然美
　　D 中国园林比西方园林更讲究规则有序

22. 钟鼓楼是坐落在北京市南北中轴线上的一组古代建筑，位于东城区地安门外大街北端。作为元、明、清代都城的报时中心，它是全国重点文物保护单位。两楼前后纵置，气势雄伟，巍峨壮观，是古代劳动人民智慧与力量的结晶。钟鼓楼与周边形成的许多胡同、四合院居住区成为古都风貌的重要组成部分，具有独特的人文价值。

　　A 钟鼓楼是一座古代建筑
　　B 钟鼓楼周边有很多胡同
　　C 钟鼓楼位于北京市西城区
　　D 钟鼓楼的功能是安放乐器

第三部分

第23-28题：请选出正确答案。

23-25.

　　100多年前，美国等发达国家，开始使用新材料、新技术建造高楼。例如美国著名的摩天大楼高122层，如果没有坚固的基础和墙体，肯定会拦腰折断。因此，它不光开创了美国独创的现代建筑风格，而且宣示了人类建筑业的新纪元，成为人类文明新阶段的标志物，有着非凡的历史意义。

　　但是，美国并没有让其遍地开花，去改变固有的文化传统。搭建高层只是昙花一现，二十年左右便已退热。现在他们的城市建筑一般有两个特点：一，除去在中心广场用作公务场所的标志性高层建筑，人们的住宅多是中低层房屋；二，最好的建筑物在城镇中心或大学，而不在政务、权力机关。

　　与中低层楼房相比，高层楼房的造价增加了许多不必要的成本。例如其结构和材料成本比6层楼高一至三倍，配套设施多且昂贵。住户本可不花如此高的代价去购买天价房，每平方米价格至少可以减半。超高层房屋的使用成本也高，有资料表明，美国一栋24层的楼房，64年的使用维护费用超出建筑成本的一倍。毫无疑问，高层住宅维修、使用费都与楼层高低成正比。住进高层建筑里，人为的高额物业管理费将成为住户的沉重负担。

23. 对于大量建造高层建筑，作者的态度是：
    A 支持 　　　　　　　　　　　B 称赞
    C 反对 　　　　　　　　　　　D 怀疑

24. 根据文章，世界上最早的摩天大楼出现在：
    A 美国 　　　　　　　　　　　B 中国
    C 大学校区 　　　　　　　　　D 中心广场

25. 关于高层建筑的问题，作者没有提到下列哪项？
    A 建造成本高 　　　　　　　　B 使用费高
    C 维修费高 　　　　　　　　　D 浪费资源

26-28.

胡同，是北京特有的一种古老的城市小巷。"胡同"原为蒙古语，即小街巷。它们围绕在紫禁城周围，大部分形成于中国历史上的元、明、清三个朝代。由于北京古代的城市建设就有严格规划，所以胡同都比较直，它们的走向多为正东正西，串起来就像一块豆腐，方方正正，不歪不斜。胡同里的建筑几乎都是四合院。北京的胡同星罗棋布，真

是数也数不清。有句俗话说："有名的胡同三千六，没名的胡同赛牛毛。"据统计，北京大大小小的胡同共有7000余条。

别看这些胡同从外表上看模样都差不多，但它们的特色却各不相同，名称也五花八门：有的以人物命名，如文丞相胡同；有的以市场、商品命名，如金鱼胡同；有的以北京土语命名，如闷葫芦罐胡同等。北京最长的胡同是东西交民巷，全长6.5公里；最短的胡同是一尺半大街，长不过十几米；最窄的胡同要数前门大栅栏地区的钱市胡同，宽仅0.75米，稍微胖点儿的人得屏住呼吸才能通过。

胡同不仅是城市的脉搏，更是北京普通老百姓生活的场所。北京人对胡同有着特殊感情，它不仅是百姓们出入家门的通道，更是一座座民俗风情博物馆，烙下了许多社会生活的印记。老北京的生活气息就在这胡同的角落里，在这四合院的一砖一瓦里，在居民之间的邻里之情里。只有身处其中才有最深的体会。

26. 俗话"没名的胡同赛牛毛"意思最可能是：
   A 有些胡同很窄   B 有些胡同不出名
   C 胡同的数量很多   D 胡同里常常有比赛

27. 以商品命名的胡同是：
   A 文丞相胡同   B 金鱼胡同
   C 东交民巷   D 钱市胡同

28. 关于胡同，下面哪项是错误的？
   A 胡同主要形成于元明清三代   B 胡同里有很多四合院
   C 胡同现在已经变成了博物馆   D 胡同里还有很多人居住

三、书　写

第一部分

第 29-31 题：完成句子。

例如：发表　　这篇论文　　什么时候　　是　　的

　　　这篇论文是什么时候发表的？

29. 北京四合院　　很具有　　样式　　的　　代表性

30. 功能　　该产品　　基本　　具备了　　已经

31. 那位亲切的长辈　　帮助　　我很　　曾经给我的　　感激

第二部分

第 32 题：写短文。

32. 请结合下列词语（要全部使用，顺序不分先后），写一篇 80 字左右的短文。

　　接待、日常、组成、关闭、打交道

一、听 力

第一部分 🔘 15-1

第1-6题：请选出正确答案。

1. **A** 支持

   B 反对

   C 高兴

   D 惭愧

2. **A** 不愿意起床

   B 不喜欢老师

   C 觉得幼儿园没意思

   D 跟小朋友们关系不好

3. **A** 母子

   B 父女

   C 夫妻

   D 同学

4. **A** 会议不重要

   B 你应该知道

   C 我也不知道

   D 我没空参加

5. **A** 懂事

   B 糊涂

   C 周到

   D 孝顺

6. **A** 想取胜要靠人才

   B 要积极参与竞争

   C 战国时期人才重要

   D 时代已经发生变化

第二部分　🖸 15-2

第7–14题：请选出正确答案。

7. A 他辞职了
   B 他出国了
   C 他一直在上海工作
   D 他是这家公司的老员工

8. A 来晚了
   B 受骗了
   C 怪女的没有阻止他
   D 后悔听了女的的话

9. A 应该去竞争
   B 应该去冒险
   C 小心没坏处
   D 对方会吃亏

10. A 她比老张大
    B 她常常骂老张
    C 她比老张厉害
    D 她不愿意跟老张吵架

11. A 改主意
    B 纸上谈兵
    C 先看对方的反应
    D 拿出有利的方案

12. A 应该改主意
    B 应该跟对方联系
    C 应该马上拿出新方案
    D 应该先了解对方的情况

13. A 英雄众多
    B 繁荣富强
    C 经济落后
    D 环境艰苦

14. A 汉朝有三个皇帝
    B 唐朝一共一百多年时间
    C 中国人为汉唐两朝而骄傲
    D 汉唐两朝一直都很繁荣富强

二、阅 读

第一部分

第 15–18 题：请选出正确答案。

　　随着比赛结束的哨声吹响，天津男篮的主教练高举双臂，冲到了球场中，并激动地高喊："我们赢了！我们赢了！"

　　"这是梦幻的时刻，我们竟然真的干掉了上届冠军！"他看着大屏幕上显示的比分，__15__，"是的，我们做到了！每个人都是好样的！"

　　临近记者发布会，他的心情才平静下来，并向大家解释了为什么会如此激动，"这场__16__来得太不容易，赛前几乎没人看好我们，我们被__17__了。但结果，我们用__18__的优势回击了所有人的质疑。我们做到了，我为球员们骄傲。"

15. A 等待比赛的最后结果　　B 仿佛仍然不敢相信这个结果
　　 C 看起来非常生气　　　　D 似乎在期待另外一种结果
16. A 赢　　　　B 比赛　　　C 胜利　　　D 成功
17. A 轻视　　　B 重视　　　C 模糊　　　D 委屈
18. A 完全　　　B 肯定　　　C 特别　　　D 绝对

第二部分

第 19—22 题：请选出与试题内容一致的一项。

19. 公元前 260 年，赵括带兵出战。一直盲目自信、轻视秦军的他完全改变了廉颇的作战方案，死搬兵书上的理论，主动进攻秦军，结果数十万赵军全部被杀，丢掉了宝贵的生命。

    A 赵括非常谦虚
    B 赵括询问了廉颇的意见
    C 赵军主动发起了这次进攻
    D 这场战争的结果是赵国胜利

20. 秦国和晋国之间发生战争时，晋惠公要使用郑国赠送的马来驾车。大臣庆郑劝告惠公说："自古以来，打仗时都要用本国的好马，因为它土生土长，熟悉道路，听从命令。用外国的马，不好控制；而且郑国马外表看起来好像很强壮，实际上并没有什么本领，怎么能作战呢？"但是惠公没有听从庆郑的劝说。战斗打响后，晋国的车马便乱跑一气，结果被秦军打得大败。

    A 晋国打败了秦国
    B 打仗应该选用本地的马
    C 惠公听取了大臣的意见
    D 输掉这场战争的原因是马生病了

21. 湖南省博物馆保存有三幅世界上最早的地图，它们 1973 年 12 月出土于长沙马王堆一号汉墓。这三幅汉代的彩色帛绘地图距今已有两千多年的历史。图上绘有山脉、河流、居民点，着重标出了 9 支军队。从地图的精确度看，与今天当地的地理状况基本相同，说明当时的地图绘制技术已经达到了很高的水平。

    A 这些地图现在保存在国家博物馆
    B 汉代距今已有三千年的历史
    C 这些地图可能用于军事
    D 当地的地理状况发生了很大的变化

22. 杜预（222 年 — 285 年），字元凯，京兆杜陵（今陕西西安东南）人，西晋时期著名的政治家、军事家和学者，灭吴统一战争的统帅之一。他是一位儒将，博学多才，被称为"杜武库"，意思是他什么都懂，就好像武器库里面藏有各种各样的武器一样。

    A 杜预是山西人
    B 杜预没能参加灭吴统一战争
    C 杜预是一个学识很丰富的人
    D 杜预会使用各种各样的武器

第三部分

第 23–28 题：请选出正确答案。

23-25.

东汉末年，曹操统一北方后，领 80 万大军南下。他打败了刘备，占领了荆州江北地区，又想继续夺取江南东吴的地方。刘备退驻夏口，与东吴的孙权联合，组成孙刘联军，共同抵抗曹操的进攻。

曹操的兵马虽然多，但远道而来，士兵们已经精疲力竭。再加上北方人到了南方，水土不服，战斗力受到了极大的影响。为了适应水战，曹操命令士兵在赤壁这个地方驻扎，用铁链把战船连起来，再铺上木板，这样船能平稳一些，有利于北方士兵作战。

东吴的将军周瑜采用部将黄盖的计策，由黄盖假装投降，实际准备趁机放火。曹操信以为真。当天，曹军将士听说东吴的大将来投降，纷纷挤到船头看热闹。没想到当黄盖的小船驶近时，趁着东南风，放火烧船，曹操的船队很快燃烧起来。而且因为船被铁链锁在了一起，谁也无法离开。一眨眼的工夫，船队已经烧成一片火海。曹军大部分士兵被烧死，还有不少人掉到江里淹死了。

与此同时，周瑜一看曹操船队起火，马上带领精兵渡江进攻。北岸的曹军不知道后面有多少人马进攻，吓得四处逃散。刘备和周瑜一起，分水陆两路紧紧追赶，大败曹军。

赤壁之战后，曹操逃回北方，从而形成三国鼎立的局面。

23. "赤壁之战"中的"赤壁"是：

    A 一个人   **B** 一种颜色

    C 一个地方   **D** 一支军队

24. 曹操为什么要命令士兵用铁链把战船连起来？

    A 这样容易掉进水里   **B** 北方人不习惯坐船

    C 他想让更多的人渡江   **D** 他的兵马太多不好管理

25. 在战争中假装投降的人是：

    A 刘备   **B** 孙权

    C 周瑜   **D** 黄盖

26-28.

　　公元前 279 年，为了集中力量攻打楚国，秦王打算与赵国和好，他主动派人去约赵王在两国间一个叫渑池的地方相会。赵王担心秦国有什么坏主意，不想去。当时，赵王手下有两个最得力的大臣，一位是蔺相如，另一位是大将军廉颇。蔺相如说："大王不去，显得赵国既软弱又胆小。"赵王于是答应赴约，蔺相如随行。廉颇送到边境，跟赵王告别时说："大王这次出行，估计行程不会超过三十天。如果大王三十天还没回来，就请允许我立您的儿子为王，秦国也就没办法用您来威胁赵国了。"赵王想了想，同意了廉颇的建议。

　　到了渑池，赵王与秦王相会。酒席上，秦王喝得高兴时说："我听说赵王喜好音乐，请赵王弹弹琴吧！"赵王就弹起琴来。秦国的史官走上前来写道："某年某月某日，秦王与赵王会盟饮酒，命令赵王弹琴。"蔺相如说："赵王也听说秦王善于演奏秦地的乐曲，请允许我把一只缶献给秦王，请秦王敲一敲，互相娱乐吧！"秦王当然不愿意为赵王敲缶。蔺相如说："如果大王不想敲，在五步距离内，我能够把自己的血溅在大王身上！"秦王为了不破坏最初的计划，很不高兴地敲了一下缶。蔺相如回头叫赵国史官写道："某年某月某日，秦王为赵王击缶。"又过了一会儿，秦国的大臣说："请赵王用赵国的十五座城作为给秦王祝贺生日的礼物。"蔺相如回答："那也请把秦国的首都送给赵王祝寿吧。"

　　直到宴会结束，秦王始终未能占上风。由于廉颇带兵在边境上接应，秦王只好让赵王他们回去了。蔺相如机智勇敢地保护了赵王的安全，也没让赵国丢脸。这就是历史上有名的"渑池之会"。

26. 秦王约赵王在渑池相会时，赵王：
　　A 怀疑秦王的诚意　　　　　　**B** 让廉颇陪他同去
　　C 拒绝了秦王的邀请　　　　　**D** 很愿意和秦王见面

27. 廉颇为什么要建议 30 天后立赵王的儿子为王？
　　A 赵王太软弱　　　　　　　　**B** 赵王太胆小
　　C 赵王回不来了　　　　　　　**D** 不受秦国威胁

28. 关于这次的"渑池之会"，下列哪项正确？
　　A 秦王弹琴欢迎赵王　　　　　**B** 秦王最终没让赵王回国
　　C 赵王用 15 座城为秦王祝寿　 **D** 蔺相如维护了赵国的尊严

三、书 写

第一部分

第 29-31 题：完成句子。

例如：发表　　这篇论文　　什么时候　　是　　的

　　　这篇论文是什么时候发表的？

29. 他对　　很深的　　这种军事理论　　理解　　有

30. 都　　谁　　轻视　　别人　　没有资格

31. 这个故事　　那些　　讽刺的是　　不懂得　　灵活变通的人

第二部分

第 32 题：写短文。

32. 请结合下列词语（要全部使用，顺序不分先后），写一篇 80 字左右的短文。

　　毛病、道理、阻止、独立、宝贵

修身养性

一、听 力

第一部分 🔘 16-1

第1-6题：请选出正确答案。

1. **A** 没觉得女的胖了

   B 周末不该吃太多

   C 女的做饭越来越好

   D 让女的给他做点儿好吃的

2. **A** 胃疼

   B 拉肚子

   C 受伤了

   D 过敏了

3. **A** 身体恢复很好

   B 是位医学专家

   C 每天都去散步

   D 走路没有精神

4. **A** 找医生挂号

   B 早点儿排队

   C 打电话预约

   D 换别的医院

5. **A** 再观察一周

   B 等报告结果

   C 拆线后出院

   D 手术不理想

6. **A** 打网球摔的

   B 雪天滑倒了

   C 和人打架了

   D 不小心碰的

第二部分 🔘 16-2

第 7-14 题：请选出正确答案。

7. **A** 谁能接孩子

   B 谁去见客户

   C 要不要请假

   D 上不上篮球课

8. **A** 快点儿刷

   B 一颗颗地刷

   C 刷够三分钟

   D 从外往里刷

9. **A** 医生

   B 收银员

   C 邮递员

   D 银行职员

10. **A** 感冒了

    B 过敏了

    C 眼睛发炎

    D 消化不良

11. **A** 腰肌劳损

    B 骨头断了

    C 肌肉拉伤

    D 头疼失眠

12. **A** 尽快手术

    B 擦些药膏

    C 吃止疼药

    D 加强肌肉训练

13. **A** 训练时应多补

    B 食物不能补水

    C 个人承受能力不同

    D 不舒服就要多补水

14. **A** 每天要喝 8 杯水

    B 口渴之后再喝水

    C 饮水报告不科学

    D 每天喝水要适量

二、阅 读

第一部分

第 15-18 题：请选出正确答案。

　　古时候，会稽爆发了一场很严重的传染病，几天之内，就死了一万多人。面对这种情况，县官钟离意吃不下睡不安，他不住地__15__自己："百姓受苦，我无法解救，还算什么父母官呢？"钟离意__16__着被传染的危险，一家又一家地看望病人，安慰他们的家人，并命令手下人聘请医生研制新药。

　　几天之后，新药制作出来了，就是不敢马上给病人喝，因为其中有几种有毒的草药。这时，钟离意说："__17__，让我来试就是了。"手下人纷纷摆手阻止，可他不顾大家的反对，伸手__18__过药就喝了下去。

　　很快，传染病被控制住了，钟离意紧皱的眉头也舒展了。

15. A 提醒　　　　B 表扬　　　　C 责备　　　　D 启发
16. A 随　　　　　B 冒　　　　　C 顶　　　　　D 靠
17. A 这可不得了　　　　　　B 这可怎么办呢
　　 C 这不很简单吗　　　　　D 这得好好考虑
18. A 抢　　　　　B 递　　　　　C 举　　　　　D 捡

第二部分

第 19-22 题：请选出与试题内容一致的一项。

19. 俗话说：病从口入，祸从口出。我们每天都需要摄入足量的食物，保证我们能够维持生命。但是，这些食物是否卫生，清洁工作是否做到位，这需要我们时刻跟进，时刻注意，把好入口第一关，否则，疾病就会找上门来了。

    A 人每天要吃东西，所以难免会得病
    B 要想不得病，就要注意食物的卫生
    C 要想不得病，就要注意口腔的卫生
    D "不干不净，吃了没病"很有道理

20. 肚子饿了便会咕噜咕噜地叫，这是因为之前吃进的食物消化完，胃里变空了，但胃中的胃液仍会继续分泌。这时候胃的收缩便会逐渐扩大，胃里的液体和气体便会翻搅起来，发出咕噜咕噜的声音。下次不要再为肚子咕咕叫而感到难为情了，因为这是人身体的正常反应。

    A 肚子咕噜叫说明没吃饱
    B 饭前喝水会造成肚子叫
    C 消化食物时肚子都会叫
    D 肚子叫常让人不好意思

21. 综合全球已发表的实验报告，有 31 个长期临床研究证明，节食是没法让人长期保持苗条身材的。在五年内，三分之二的节食者眼睁睁看着甩掉的肥肉又回到身上，甚至还带了更多"亲戚"回来。而在青少年身上，这种体重反弹的后果更严重：年轻时就开始习惯性节食的人，五年后，他们普遍比没节食过的同龄人更重。

    A 青少年节食对身体危害严重
    B 有三分之二节食者获得成功
    C 节食者大多要面对反弹的后果
    D 节食可以使苗条体形保持五年

22. 这项联合多所医学院校所做的研究发现，除了个别人以外，多数人体重的增加会从周六开始，而体重的减轻会从周二开始。它表明人们的体重变化在一周内会显示出一种明显的规律，工作日和周末体重的临时变化应该被视为正常现象。

    A 多数人的体重周六达到最高
    B 个别人的体重可以保持不变
    C 体重变化的规律还无人展开研究
    D 体重在一周内会发生临时的改变

<h1 style="text-align:center">第三部分</h1>

第 23-28 题：请选出正确答案。

23-25.

人们伤心的时候会哭泣，高兴的时候也会流眼泪。但是不管你流不流眼泪，你的眼睛一直在产生着泪液。你知道吗？眼泪对眼睛有保护作用呢，它能够使你的眼睛不干涩。眼睛的某个特殊区域一直不停地产生泪液，正是它使眼睛保持湿润。

　　如果你对着镜子仔细看，你就会在眼角处看到很小的孔，每个小孔都连接着一个细管，这些细管通向鼻子，正是这些细管不分昼夜地把泪液慢慢排出。如果它们不这样做的话，那么看上去，你就会一直是眼泪汪汪的。

　　当你开始哭的时候，就会产生更多的眼泪，而这些小孔不能及时地把眼泪排出去，于是多余的眼泪就会流到脸上。

　　眼泪有助于眼睛的安全。如果空气中存在有害物质的话，你的眼睛就会产生泪液，这些泪液会覆盖你的眼球，阻止有害物质进入眼睛。

　　戴隐形眼镜会让眼睛发干。有些人不得不往眼睛里滴入眼药水来保持眼睛湿润。

23. 根据本文，下列哪项正确？
    A 眼睛一直在产生眼泪　　　　　　B 高兴时眼泪不会流出来
    C 眼泪有助于表达感情　　　　　　D 戴隐形眼镜要滴眼药水

24. 文中谈到的"眼角处的小孔"有什么用处？
    A 产生泪液　　　　　　　　　　　B 排出眼泪
    C 保持眼睛湿润　　　　　　　　　D 阻止有害物质

25. 这篇短文最可能出自下列哪种杂志？
    A《大众健康》　　　　　　　　　　B《社会百科》
    C《动物世界》　　　　　　　　　　D《人与自然》

26-28.

感冒算得上是老百姓最熟悉的小病了。一旦症状出现，几乎不需要医生，多数人都能凭经验自己做出"感冒"的诊断。有人会翻箱倒柜地找中药、西药吃；还有人咬牙挺着，直到恢复健康或挺不住为止；更会有人迫不及待地去找医生开抗生素或干脆挂吊瓶……那么感冒到底能不能挺？

当感觉嗓子干、咽东西不舒服，同时出现流清鼻涕、打喷嚏、鼻塞等症状时，这就是医学上所说的普通感冒，即由病毒引起的急性鼻炎或咽炎。普通感冒病程5～7天，一般不发烧，除了鼻子和咽部的不舒服外，其他症状都较轻。所以，注意多休息、多饮水，如有必要可吃一些缓解症状的非处方药，而不需要服用抗生素。

当咽部症状较重，疼痛和烧灼感剧烈，甚至吃饭喝水都变得困难时，要当心急性咽炎和急性扁桃体炎。对着镜子张开嘴，压下舌头根部，如果看到咽部发红，那么就应寻求医生的帮助，借助抗生素的治疗，而非继续咬牙硬挺。

因此，一旦症状出现，搞清是哪种感染最重要。如果不能肯定，则应求助于医生，勿将普通感冒的治疗原则简单地套在上呼吸道感染头上，避免耽误病情。

26. 根据上下文，文中画线的"挺不住"是什么意思？
　　A 累得爬不起来　　　　　　B 身体感觉挺不错
　　C 牙疼到吃不了东西　　　　D 病情严重受不了了

27. 关于普通感冒，从文中可以知道什么？
　　A 可以不用吃药　　　　　　B 吃饭喝水困难
　　C 只是鼻子不舒服　　　　　D 都从打喷嚏开始

28. 本文主要谈的是感冒哪方面的事？
　　A 主要症状　　　　　　　　B 发病原因
　　C 用药知识　　　　　　　　D 治疗原则

三、书 写

第一部分

第 29-31 题：完成句子。

例如：发表　　这篇论文　　什么时候　　是　　的

　　<u>这篇论文是什么时候发表的？</u>

29. 有　　来报名　　总共　　这次　　两百多人

30. 采取　　治疗方法　　医生　　中医的　　决定

31. 小刘　　可靠　　不太　　办事　　经理觉得

第二部分

第 32 题：写短文。

32. 请结合下列词语（要全部使用，顺序不分先后），写一篇 80 字左右的短文。

　　营养、措施、苗条、明显、趋势

在最美好的时刻离开

一、听 力

第一部分 🔘 *17-1*

第1-6题：请选出正确答案。

1. **A** 餐前吃

   B 饭后吃

   C 一日三次

   D 早晚各两片

2. **A** 穿得太少了

   B 睡觉着凉了

   C 玩儿得太累了

   D 小朋友传染的

3. **A** 减肥很成功

   B 节食很痛苦

   C 体重增加了

   D 腰带太短了

4. **A** 菜不合胃口

   B 已经吃饱了

   C 牙疼不想吃

   D 想吃面条儿

5. **A** 换了新工作

   B 身体不太好

   C 要照顾孩子

   D 刚刚怀孕了

6. **A** 开头没看懂

   B 演员很漂亮

   C 结尾出人意料

   D 剧情令她失望

第二部分　🔘 17-2

第 7-14 题：请选出正确答案。

7. **A** 结婚登记

   B 外出旅行

   C 举办婚礼

   D 庆祝生日

8. **A** 车站

   B 公司

   C 家里

   D 机场

9. **A** 忘了吃安眠药

   B 担心孩子的事

   C 和丈夫吵架了

   D 身体不太舒服

10. **A** 放松休假

    B 努力工作

    C 看心理医生

    D 找朋友聊天

11. **A** 晚饭吃什么

    B 如何保存水果

    C 怎么去除冰箱异味

    D 什么时候去超市购物

12. **A** 会做饭

    B 爱喝茶

    C 想买橘子

    D 要买茶叶

13. **A** 可以减轻人体的疼痛

    B 影响我们感受外界事物

    C 能阻止体内水分的流失

    D 使我们避免接触他人而生病

14. **A** 作用

    B 结构

    C 保护

    D 卫生

二、阅 读

第一部分

第 15–18 题：请选出正确答案。

北京人送客有很多__15__，不常来的客人或是老年客人，一定将其送到或__16__到大门以外，道别后目送来客远去再往家走。大人会告诉孩子：千万不可刚和客人告别就转身而回，更不许客人前脚刚走不远，后边就立即关大门，关门声响很大，如果被客人听见，就失礼了。

北京人很__17__送别时"全家出动"（除病人外），以示热情，对待宾客一定要有始有终。特别是教育孩子，客人走时一定要停下自己手中的"活儿"，__18__，切不可只顾自己玩耍。

15. **A** 规律　　　**B** 理由　　　**C** 现象　　　**D** 规矩
16. **A** 扶　　　　**B** 拉　　　　**C** 退　　　　**D** 推
17. **A** 强调　　　**B** 讲究　　　**C** 提倡　　　**D** 推荐
18. **A** 帮父母关好大门　　　　　**B** 马上躲进自己的房间
　　　C 起身和大人一起送客　　　**D** 收拾客人用过的茶杯

第二部分

第 19-22 题：请选出与试题内容一致的一项。

19. 交谈是社交活动中必不可少的内容，更是一门艺术。俗话说："一句话说得人笑，一句话说得人跳。"关键就看你能不能把话说得巧妙。

    A 交谈需要对方的理解
    B 交谈是为了使人开心
    C 交谈要注意说话得体
    D 交谈是一门舞蹈艺术

20. 春季是由冬入夏的过渡季节。虽然气温回升，天气逐渐暖和，但北方冷空气还比较强烈，它每隔几天就要分成一小股一小股地南侵。冷空气南下减弱后，暖空气又趁机北上。冷暖空气活动频繁，于是，天气乍暖还寒，冷热多变，一天之内气温变化较大，如果人们过早地脱下冬衣，就容易感冒。因此，还是"春捂"一点儿好。

    A 春季气温回升一般较快
    B 春季冷暖空气常交替活动
    C 春季是最容易感冒的季节
    D 过早地脱下冬衣叫"春捂"

21. 早餐在一日三餐中最重要，它不但能及时补充我们晚上消耗的营养，还能使我们一上午都精力充沛地学习或工作。有调查表明，习惯吃早餐的孩子比不吃早餐的孩子身体更好，长得更结实，更不容易得病，学习时注意力更集中，反应更快，理解力更强，成绩更好。

    A 早餐的营养是三餐中最丰富的
    B 人体从早餐中吸收的营养最多
    C 吃早餐的孩子更容易提高成绩
    D 相比成人，早餐对孩子更重要

22. 作为电视节目主持人，我在工作中常会运用"峰终定律"。例如，做节目时，与开幕式相比，我们宁可把更多的精力集中在闭幕式上，这样可以加强观众对节目的印象。虽然很多人并不了解"峰终定律"，但是，他们能从经验中体会这种做法的重要性。

    A 观众通常对闭幕式更关注
    B 许多人不认同"峰终定律"
    C "峰终定律"是节目制作的理论
    D "峰终定律"对"我"的工作有帮助

第三部分

第23-28题：请选出正确答案。

23-25.

在我们的健康观念中，人们都接受一种说法："多吃蔬果。"英国一场始于1994年的"每天五份果蔬"的运动，曾经得到大多数人的支持。英国牛津大学的专家迈克说："'每天五份果蔬'的口号当然比简单地告诉人们要'均衡膳食'有用多了，毕竟有几个普通人能知道所谓'均衡膳食'的真正含义呢？"

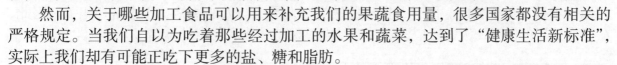

世界卫生组织曾建议人们每天吃的果蔬最好不低于400克。但有多少国家能达到这个水平呢？英国人当时每人平均果蔬食用量只有这个数量的一半左右，不过丹麦人能达到600克；希腊也远远"超标"——人均"六份蔬菜外加三份水果"，以平均每份80克来算，便能达到720克。

研究发现，那些由于饮食导致的心脏病和癌症发病率低的国家，人均果蔬食用量都很高——最高能达到每天十份。所以说，"每天吃五份果蔬"的确有助身体健康，也许多吃一些效果会更好。

然而，关于哪些加工食品可以用来补充我们的果蔬食用量，很多国家都没有相关的严格规定。当我们自以为吃着那些经过加工的水果和蔬菜，达到了"健康生活新标准"，实际上我们却有可能正吃下更多的盐、糖和脂肪。

23. 关于"均衡膳食"，专家迈克认为：
   A 很难统一标准　　　　　　B 实际很难做到
   C 一般人搞不清　　　　　　D 需要更多宣传

24. 关于世界卫生组织对果蔬食用量的建议，从文中可知：
   A 丹麦人不愿接受　　　　　B 很多国家都做不到
   C 英国人均食用量最少　　　D 希腊人能达到每天十份

25. 本文最可能出自下列哪种杂志？
   A《科技前沿》　　　　　　　B《农业天地》
   C《家庭医生》　　　　　　　D《环球影视》

26-28.

　　天气突然转凉，温度的降低会直接刺激人体，使得胃肠功能变得紊乱，从而影响正常的消化和吸收。因此在寒冷的冬季，我们一定要时刻注意自己的胃肠变化，做好保护工作，打一场胜利的"保胃战"。

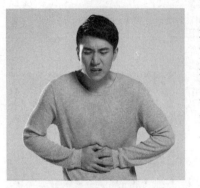

　　现代人工作压力越来越大，经常是忙得忘了吃饭，或者是即使很饿也无法抽空去吃饭。长此以往，对胃部的刺激很大。尤其在冬季，胃部本身就容易发病，如果饮食再没有规律的话，就更容易引起胃酸分泌异常，加重胃部的负担。因此，每天有规律地按时吃饭才是最佳的保胃措施。如果不能一天三顿正点进食的话，可以改为一天 5 至 6 次，分次进食，一次少量，只要是每天有规律的即可。这样不仅可以保护肠胃，还不会耽误到其他的事情。

　　有胃病的朋友都知道，胃部敏感的时候，如果吃了一些"硬菜"，比如大鱼大肉等，就会觉得很不舒服。正因如此，对于肠胃的保护，我们应该采取软化政策。粥、面条儿、热牛奶等等都是不错的选择。当然，除此之外，在饮食制作过程中，也应该尽量选择蒸、煮、烩、炖等烹饪方法，以减少对胃的刺激。

　　身体的健康离不开经常性的运动，一个好的身体才能够抵御疾病的侵袭。让你的肠胃在冬季不会过于受到伤害，胃部保暖很重要，温度过低会使腹部受凉，导致胃肠不适。因此，在这个季节就不要再选择过短的衣服了。

　　当然，以上说的都是一些基本的保养方法，最重要的还是要坚持，因为胃肠的调养和保护不是一天成就的。同时，胃病的发生与发展，与人的情绪、心态密切相关。因此，在养胃护胃的同时，大家还应注意劳逸结合，保持愉快和稳定的情绪。

26. 本文建议每天不能规律进食的人，可以：
　　A 早餐尽量多吃　　　　　　　　B 每次尽量吃好
　　C 增加进食次数　　　　　　　　D 吃些养胃的药

27. 本文中说的"硬菜"指的是：
　　A 油炸食品　　　　　　　　　　B 粥或面条儿
　　C 温度太烫的食物　　　　　　　D 不易消化的食物

28. 下列哪项最适合做本文标题：
　　A 冬季"保胃战"　　　　　　　B 饮食要规律
　　C 养胃从保暖做起　　　　　　　D 浅谈健胃食品

三、书 写

第一部分

第 29-31 题：完成句子。

例如：发表　这篇论文　什么时候　是　的

　　<u>这篇论文是什么时候发表的？</u>

29. 他要给　时间　更多的　争取　自己

30. 刚　给我　推荐了　老刘　一份工作

31. 被人　这是　细节　忽视的　最容易

第二部分

第 32 题：写短文。

32. 请结合下列词语（要全部使用，顺序不分先后），写一篇 80 字左右的短文。

　　婚礼、主持、深刻、度过、魅力

一、听 力

第一部分 📀 18-1

第1-6题：请选出正确答案。

1. A 自信
   B 骄傲
   C 惭愧
   D 谦虚

2. A 爱好广泛
   B 当过指挥
   C 会修乐器
   D 演过电影

3. A 武术比赛
   B 作品展览
   C 市场调查
   D 广告设计

4. A 主持节目
   B 录制歌曲
   C 拍电视剧
   D 和导演见面

5. A 夫妻
   B 父女
   C 师生
   D 朋友

6. A 不知道尊重画家
   B 具有独特的眼光
   C 不懂得欣赏艺术
   D 不可能成为名家

第二部分　　💿 18-2

第 7-14 题：请选出正确答案。

7. A 喝冷饮
   B 看结婚证
   C 给儿子发短信
   D 让儿子去登记

8. A 去银行取钱
   B 上网订电影票
   C 在网上买东西
   D 去影院看电影

9. A 风景名胜
   B 科学常识
   C 各地美食
   D 历史人物

10. A 深受观众喜爱
    B 曾是眼科大夫
    C 最近很少拍戏
    D 想当电影导演

11. A 由竹子制作
    B 非常难掌握
    C 用手指弹奏
    D 不适合独奏

12. A 自己教得好
    B 钢琴弹得好
    C 音乐基础好
    D 学过民族乐器

13. A 整整画了一年
    B 自以为很完美
    C 是幅人物画儿
    D 大师极不满意

14. A 学画时间不长
    B 水平进步明显
    C 脑子容易糊涂
    D 求学态度诚恳

二、阅 读

第一部分

第 15-18 题：请选出正确答案。

　　侯宝林对相声艺术的＿＿15＿＿是多方面的。他不仅带头净化相声的语言，还提高了相声的审美趣味。他改编了许多传统节目，坚持以诙谐幽默的文明相声求生存、求发展。新中国成立后，他积极推动"相声＿＿16＿＿运动"，在相声中注入了更加健康的内容，使之面貌焕然一新。

　　有人说："当初没有相声就没有侯宝林；后来没有侯宝林就没有如今的相声。"这话很有＿＿17＿＿，侯宝林一直在说相声，一生都在钻研相声，直到有一天在大多数人的心中，他就是相声。

　　我国著名物理学家钱学森特别喜欢听侯宝林的相声。钱老说，侯宝林的相声内容健康，格调高雅，极富教育意义，又十分幽默，＿＿18＿＿。那真是一种语言艺术，是侯宝林智慧的闪光，很了不起，并称侯宝林是"伟大的人民艺术家"。

15. **A** 发展　　　　**B** 成就　　　　**C** 作用　　　　**D** 影响
16. **A** 改善　　　　**B** 改进　　　　**C** 调整　　　　**D** 修改
17. **A** 道理　　　　**B** 原则　　　　**C** 启发　　　　**D** 意义
18. **A** 怪不得让我感到费解　　　　**B** 常常出奇地令人捧腹大笑
　　　C 不得不使我们深感惭愧　　　**D** 连他本人都忍不住会笑

第二部分

第 19-22 题：请选出与试题内容一致的一项。

19. 有三分之一的画作作者没有签名，而其余的则标明了身份。令人头疼的是，一些签名被故意弄错了，志愿者无法确认作者到底是谁，所以有可能志愿者认为自己看到的是黑猩猩的随手涂鸦，实际则是著名抽象艺术家的大作。

    A 许多画家不愿在作品上签名
    B 画作都出自著名艺术家之手
    C 黑猩猩的随手涂鸦也很出色
    D 故意弄错的签名令志愿者头疼

20. 徐悲鸿早年曾到日本、法国留学，学习油画、素描，他把中外绘画技法很好地结合在一起，创造了新颖而独特的风格。回国后他长期从事美术教育工作，对中国美术队伍的建设和中国美术事业的发展做出了突出贡献，影响深远。

    A 徐悲鸿画的中国画好于油画
    B 徐悲鸿回国后学习了中国画
    C 徐悲鸿是优秀的美术教育家
    D 徐悲鸿早年主要从事素描创作

21. 梅兰芳是中国京剧史承上启下的代表性人物。他对京剧进行了艺术创新，通过吸收上海文明戏的改良成分，综合青衣、花旦、刀马旦的表演方式，塑造出了形态各异的不同历史时期的中国女性艺术形象，形成了独具特色的艺术流派——梅派，位居京剧四大名旦之首。

    A 梅兰芳创作了一部中国京剧史
    B 梅兰芳创造了青衣等表演方式
    C 梅兰芳原从事上海文明戏的表演
    D 梅兰芳塑造了许多女性艺术形象

22. 壁画就是在天然石壁或人工墙面上制作的图画，它是人类历史上最早的绘画形式之一，起到了装饰和美化的作用。中国古代的壁画主要分布在神庙、宫殿、寺院、庭苑、石窟、陵墓等建筑物中。

    A 壁画主要是在天然石壁上的创作
    B 壁画对建筑起到装饰美化的作用
    C 中国古代的壁画主要集中在寺庙
    D 人类历史上最早的壁画画在地上

第三部分

第 23-28 题：请选出正确答案。

23-25.

　　齐白石是中国著名的书画大师。一天，诗人艾青前来看望已经 88 岁高龄的齐白石，还带来一幅画儿，请他鉴别真伪。齐白石拿出放大镜，仔细看了看，对艾青说："我用刚创作的两幅画儿跟你换这幅，行吗？"

　　艾青听后，赶紧收起画儿，笑着说："您就是拿 20 幅，我也不跟您换。"齐白石见他不答应，忍不住叹了一口气说："我年轻时画画儿多认真呀，现在退步了。"原来，艾青带来的这幅画儿正是齐白石几十年前的作品。

　　艾青走后，齐白石一直愁眉不展。一天夜里，他儿子起来上厕所，看到书房的灯还亮着，走进一看，发现齐白石正坐在书桌前，一笔一画地描红。儿子不解地问道："您都这么大年纪了，早就盛名于世，怎么突然想起描红了，而且描的还是这么初级的东西？"

　　齐白石摇了摇头，不紧不慢地答道："现在我的名气大，很多人都说我画得好，觉得我随便画一笔都是好的，我也被这些赞美弄得有些飘飘然了，无形中就放松了对自己的要求。直到前几天，我看见自己年轻时画的一幅画儿，才忽然惊醒，我不能再被外界的那些夸奖之词冲昏了头了，以后还得认真练习，自己管住自己啊。"

　　从此以后，尽管年龄越来越大，齐白石还是坚持每天练习，从不敢偷懒。有时为了一幅画儿，他甚至会花上几个月的时间。

　　不满足于过往的成就，不放松对自己的要求，这正是齐白石这位书画大师令人佩服的地方。

23. 齐白石想跟诗人艾青换的画儿：
　　A 是一幅古画儿　　　　　　　　B 是一幅假画儿
　　C 是自己的画儿　　　　　　　　D 值 20 幅画儿

24. 艾青走后，齐白石为什么愁眉不展？
　　A 没换成画儿　　　　　　　　　B 受到了批评
　　C 发现自己老了　　　　　　　　D 觉得自己退步了

25. 本文认为，齐白石令人佩服的地方是：
　　A 不去和别人比较　　　　　　　B 始终严格要求自己
　　C 活到老学到老的精神　　　　　D 冷静地对待别人的赞美

26-28.

灯彩，又叫"花灯"，是起源于中国的一种汉族传统民间手工艺品，它与正月十五元宵赏灯的习俗关系密切。中国各地的灯彩种类众多，做工优美，各有特点，有代表性的如：鱼灯，鱼是中国民间美术最常见的造型主题之一，象征"年年有余"。陕西的鱼形灯彩，制作手法简括、构思精巧，用竹篾做骨、外糊彩纸，造型生动活泼。白菜灯，发音近似"百财"，民间取其吉祥的寓意。模仿白菜之形，朴素中流露着百姓热爱乡土的乐观精神。莲花灯，莲花具有圣洁清香之美，被誉为"花中君子"。民间又以莲藕并生、花开并蒂表示佳偶天成，用以祝贺新婚，又有"连年有余"等吉祥祝福之意。龙凤灯，属浙江仙居的针刺无骨花灯。传统观念中，龙和凤都是吉祥的动物，表达幸福美满的愿望，并相传点亮龙凤灯，能驱妖避邪除百病。花蝶灯，是广东佛山民间灯彩，以富丽的牡丹花和七彩斑斓的蝴蝶为主体结构，配置金色如意飘饰，寓意春天来临、百花齐放、彩蝶纷飞，表达人们对未来美好生活的期盼。

26. 根据本文，下面哪种说法是正确的？
   A 鱼灯是陕西特有的民间灯彩　　　　B 白菜灯具有朴素的乡土气息
   C 结婚喜庆时一般挂龙凤灯　　　　　D 花蝶灯主体造型为莲花和蝴蝶

27. 民间传说哪种灯可以消除各种疾病？
   A 鱼灯　　　　　　　　　　　　　　B 白菜灯
   C 龙凤灯　　　　　　　　　　　　　D 花蝶灯

28. 可以做这篇文章标题的是：
   A 灯彩的起源　　　　　　　　　　　B 各地民间灯彩
   C 灯彩的制作手法　　　　　　　　　D 正月十五看花灯

三、书 写

第一部分

第 29-31 题：完成句子。

例如：发表　　这篇论文　　什么时候　　是　　的

　　　这篇论文是什么时候发表的？

29. 印象　　给我　　上海　　留下了　　极其深刻的

30. 他也　　再等了　　一分钟　　哪怕是　　不愿意

31. 便　　成语　　出自　　"画龙点睛"　　关于他的传说

第二部分

第 32 题：写短文。

32. 请结合下列词语（要全部使用，顺序不分先后），写一篇 80 字左右的短文。

　　作品、欣赏、业余、自由、活跃

HSK（五级）介绍

HSK（五级）考查考生的汉语应用能力，它对应于《国际汉语能力标准》五级、《欧洲语言共同参考框架（CEFR）》C1 级。通过 HSK（五级）的考生可以阅读汉语报纸杂志，欣赏汉语影视节目，用汉语进行较为完整的演讲。

一、考试对象

HSK（五级）主要面向按每周 3 ～ 4 课时进度学习汉语两年以上，掌握 2500 个常用词语的考生。

二、考试内容

HSK（五级）共 100 题，分听力、阅读、书写三部分。

考试内容		试题数量（个）	考试时间（分钟）
一、听力	第一部分	20	约 30
	第二部分	25	
填写答题卡			5
二、阅读	第一部分	15	45
	第二部分	10	
	第三部分	20	
三、书写	第一部分	8	40
	第二部分	2	
共计	/	100	约 120

全部考试约 125 分钟（含考生填写个人信息时间 5 分钟）。

1. 听力

第一部分，共 20 题。每题听一次。每题都是两个人的两句对话，第三个人根据对话问一个问题，试卷上提供 4 个选项，考生根据听到的内容选出答案。

第二部分，共 25 题。每题听一次。这部分试题都是 4 到 5 句对话或一段话，根据对话或语段问一个或几个问题，试卷上每题提供 4 个选项，考生根据听到的内容选出答案。

2．阅读

第一部分，共 15 题。提供几篇文字，每篇文字中有几个空格，空格中应填入一个词语或一个句子，每个空格有 4 个选项，考生要从中选出答案。

第二部分，共 10 题。每题提供一段文字和 4 个选项，考生要选出与这段文字内容一致的一项。

第三部分，共 20 题。提供几篇文字，每篇文字带几个问题，考生要从 4 个选项中选出答案。

3. 书写

第一部分，共 8 题。每题提供几个词语，要求考生用这几个词语写一个句子。

第二部分，共 2 题。第一题提供几个词语，要求考生用这几个词语写一篇 80 字左右的短文；第二题提供一张图片，要求考生结合图片写一篇 80 字左右的短文。

三、成绩报告

HSK（五级）成绩报告提供听力、阅读、书写和总分四个分数，满分 300 分，180 分为合格。

	满分	你的分数
听力	100	
阅读	100	
书写	100	
总分	300	

HSK 成绩长期有效。作为外国留学生进入中国院校学习的汉语能力的证明，HSK 成绩有效期为两年（从考试当日算起）。